KARL A. DOSTAL / 120 NEUE ÜBUNGSDIKTATE

Karl A. Dostal

120 neue Übungs-Diktate

für die 4. bis 9. Schulstufe

5. Auflage
(nach der neuen Rechtschreibung)

Die Deutsche Bibliothek – CIP-Einheitsaufnahme

Dostal, Karl A.:
120 neue Übungsdiktate
4. bis 9. Schulstufe; nach der neuen Rechtschreibung
Karl A. Dostal. – Wien: Leitner, 1996
5. Auflage, 1996
ISBN 3-85157-064-2

Umschlagentwurf: Gerri Zotter, Wien
Gesamtherstellung: in Wiener Dom-Verlag, Wien

ISBN: 3-85157-064-2

Inhalt

So wird geübt

Diktate können zur Überprüfung und Kontrolle der Rechtschreibkenntnisse dienen; sie sind aber auch, systematisch angewandt, ein Weg zur Erlernung der Rechtschreibung. Diese „Kurzdiktatmethode“ eignet sich besonders *für den differenzierten Unterricht* in Arbeitsgruppen, *für den häuslichen Nachhilfeunterricht* nach Schulversäumnissen oder zur Behebung besonderer individueller Rechtschreibschwächen. Allerdings müssen in diesem Fall die Übungsdiktate überlegt ausgewählt und methodisch vorbereitet werden. Die Auswahl kann vom Inhalt her erfolgen, aber auch vom Rechtschreibfehler her. Beide Möglichkeiten werden in diesem Buch berücksichtigt.

Die Texte stammen aus Sachunterricht und Dichtung und entsprechen erfahrungsgemäß den Interessen der Schüler der 4. bis 9. Schulstufe. Ihr Schwierigkeitsgrad steigert sich mit jeder Leistungsstufe und Schulstufe. Der jeweilige Text der Ansage wird zuerst zusammenhängend vorgelesen (vom Lehrer, von einem Elternteil) oder – noch besser – vom Schüler selbst still durchgelesen, in schwierigen Fällen abgeschrieben oder auswendig gelernt. Sodann werden die schwierigen Wörter des Diktates herausgesucht (in der „Vorübung“ schon ersichtlich!), an eine Tafel oder ins Heft geschrieben, besprochen, laut gelesen, auswendig niedergeschrieben, mit der Schreibung an der Tafel verglichen und in Sätzen oder Fügungen angewandt.

Jene Wortteile, die erfahrungsgemäß häufig falsch geschrieben werden, sind im Text fett gedruckt, sodass beim Durchlesen ein rascheres Einprägen ermöglicht wird. An der Tafel können sie mit Farbkreide hervorgehoben werden. Wo immer dies möglich ist, soll die Besonderheit der Schreibweise auch durch Regeln begründet werden. Das gilt besonders für die Beistrichsetzung. Die Beistriche wird man allerdings vorerst ansagen und ihre richtige Setzung erst dann verlangen, wenn diese im Zusammenhang mit der Satzlehre den Schülern schon verständlich gemacht worden ist.

Diktiert wird satzweise in natürlicher Sprache. Jeder Satz wird zuerst deutlich vorgelesen, dann langsam, gegebenenfalls in Sinnblöcken, diktiert. Rasches Diktieren führt zu Flüchtigkeitsfehlern und zu schlechten Schriften, wodurch sich die Wortbilder nur undeutlich einprägen können. Dem Schüler muss so viel Zeit gelassen werden, dass ein überlegendes Schreiben möglich ist. Keinesfalls darf sich der Schüler gehetzt fühlen. Nach jedem Satz wiederholt ein Schüler laut das zuletzt Geschriebene, die anderen überprüfen still die eigenen Niederschriften.

Im differenzierten Unterricht diktiert ein Schüler der Gruppe bzw. dem Partner, er vergleicht anschließend die Niederschrift mit dem Buchtext und zeichnet die Fehler an.

Es ist aber auch möglich, einen rechtschreibsicheren Schüler der Klasse an der Rückseite der Tafel mitschreiben zu lassen, sodass anschließend alle Schüler ihre Arbeit mit dem Tafeltext vergleichen und ausbessern können.

Bevor jedoch mit der Korrektur begonnen wird, liest der Lehrer bzw. der Ansager den Text nochmals langsam vor, damit die Schüler selbst eventuelle Hörfehler ausbessern können.

Manche Lehrer geben den Schülern im Anschluss an das Diktat auch die Möglichkeit, bei Unsicherheiten in einem Wörterbuch nachzuschlagen. Die Fehler können durch Vergleich mit dem Text des Buches festgestellt werden, oder der Lehrer sammelt die Hefte ein und überprüft die Diktate selbst. Beim selbsttätigen Korrigieren können die Hefte auch unter den Schülern ausgetauscht werden. Klassifizieren dürfen die Schüler allerdings nicht. Sie bezeichnen nur die Fehlerstellen und geben eventuell die Summe der Fehler an.

Die Schüler verbessern nun, was falsch war, unter ihrer Niederschrift oder in einem Übungsheft, indem sie das Wort mehrmals richtig aufschreiben. Zum Beispiel (Fehler: Maschiene, Artzt): die Maschine, die Maschinenfabrik, die Schreibmaschine; der Arzt, die Ärztin, der Spitalsarzt, der Hausarzt, die Wohnung des Arztes.

Bei der Verbesserung sollen Wörter, die falsch geschrieben worden sind, möglichst drei- bis viermal in geänderter Form (in Zusammensetzungen, Ableitungen, Wortfamilien u. dgl.) festgehalten werden.

Beistrichfehler lasse man durch die Regel mündlich begründen.

Werden die fehlerhaft geschriebenen Wörter in einem Übungsheft oder auf einem Blatt einer Fehlerkartei richtig aufgeschrieben, können sie am folgenden Tag neuerlich diktiert werden; das wiederholt sich so oft, bis die richtige Schreibweise beherrscht wird.

Im *Nachhilfeunterricht* wird ebenso vorgegangen.

Besonders bewährt hat sich auch hier die „Fehlerkartei“ (Lernkartei). Eine solche kann sich der Schüler unschwer selbst anfertigen: In einer Schuhschachtel werden vier gleich große Abteilungen gebildet; leere Karteiblätter werden in entsprechender Größe zugeschnitten, sodass sie aufgestellt in die Schachtel passen. Wird ein Fehler bei einem Diktat oder bei einem Aufsatz gemacht, wird das Wort oder die Fügung auf dem Karteiblatt richtig aufgeschrieben und dieses in die erste Abteilung gelegt. Das geschieht mit den weiteren Fehlern ebenso. Am folgenden Tag werden die Blätter mit den Übungswörtern aus der Kartei herausgenommen und neuerlich diktiert. Blätter, deren Wörter richtig geschrieben werden, rücken in die nächste Abteilung weiter. Das wiederholt sich viermal. Dann werden die Blätter ausgeschieden. Wird ein Wort jedoch neuerlich falsch geschrieben, wird das Blatt in die erste Abteilung zurückversetzt, der Vorgang wird wiederholt. Auf diese Weise sieht der Schüler, wie er fortschreitet und bekommt Freude an der Arbeit. Lernkarteien sind auch im Papierhandel erhältlich.
In der Schule werden Vorübung, Diktat und Verbesserung gewöhnlich nicht in einer einzigen Unterrichtsstunde durchgeführt werden können. In diesem Fall lasse man die Verbesserung zu Hause ausführen.

Die Diktate der Leistungsstufe 1 stellen niedrigere Anforderungen an die Schüler/innen, die Diktate der Leistungsstufe 2 höhere.

1 Handwerker

Vorübung:

Die Gasse, Justgasse, Lange Gasse, Adalbert-Stifter-Straße; die Hand, zwei Hände, händisch; ihre Werkstätte, die Schuhmacherwerkstätte, die Schneiderwerkstätte; ein Geselle, gesellig sein; der Lehrling, die Lehre, belehren; die Maschine, maschinell, eine Nähmaschine.

Ansage:

In unserer Gasse arbeiten Handwerker in ihren Werkstätten. Es sind ein Schuhmacher, ein Schneider und ein Tischler. Sie haben Gesellen und Lehrlinge. In ihren Werkstätten stehen nur kleine, einfache Maschinen. Die Handwerker machen einen Teil der Arbeit mit der Hand.

2 Maschinen

Vorübung:

Die Masch**i**ne, eine Waschmasch**i**ne, maschine**ll**; fre**ss**en, sie fri**ss**t, sie hat gefre**ss**en; laufen, er l**äu**ft, er ist gelaufen, gel**äu**fig; fü**ll**en, gefü**ll**t, die **F**üllung; mit **Koh**le hei**z**en, die Hei**z**ung, behei**zt**; die Macht, er ist m**ä**chtig; das Ra**d**, zwei R**ä**der; **vie**le Pferde, **vie**le Menschen, **viel**leicht, **viel**fach.

Ansage:

Wer fri**ss**t **B**enz**i**n und **Öl** und l**äu**ft wie geschm**ier**t? Wer wir**d** mit Wa**ss**er gefü**ll**t, mit K**oh**le gehei**zt** und treibt mit m**ä**chtigen R**ä**dern **a**ndere an? Wer leistet so **vie**l wie **vie**le Pferde zusa**mm**en? **D**ie **M**asch**i**nen. **S**chon ein einfacher **Heb**el ist eine Masch**i**ne.

3 In unserem Garten stehen Föhren

Vorübung:

Die F**öh**re, ein F**öh**renwald, Rotf**öh**ren, Schwarzf**öh**ren, Legf**öh**ren; wachsen, die F**öh**re w**ä**chst, der Wu**chs** der Lat**sch**e; das Har**z**, har**z**ig.

Ansage:

F**öh**ren sind Na**d**elb**äu**me. Da**v**on g**i**bt es **v**iele **A**rten. **I**n unserer **H**eima**t** wa**ch**sen vor a**ll**em Rotf**öh**ren und Schwar**zföh**ren. Aus **ih**ren **St**ä**mm**en gewi**nn**t man **Harz**. Im H**o**chge**b**irge w**ächst** die Le**g**f**öh**re oder **Latsche**. Sie schm**ie**gt sich an den Bo**d**en.

4 Das Mikrofon

Vorübung:

Eine große **F**eier; **f**eiern; h**ö**ren, das Geh**ö**r, der H**ö**rsaal; ein Pla**tz**, der Leopoldauer Pla**tz**; das Mi**k**ro**f**on (Mi**k**ro**ph**on); der **R**undfun**k**, eine **R**undfun**k**sendung.

Ansage:

Bei einer **groß**en **F**eier h**ä**lt der **Red**ner eine **A**nsprache. **D**amit **ih**n aber auf de**m** weiten **Pla**t**z** **all**e Menschen gut h**ö**ren, spricht er in ein **Mikrofon**. Das ist mit eine**m** Lau**t**sprecher **v**erbunden. Alle **Rund**-fun**k**sen**d**ungen wer**d**en in ein **M**i**k**ro**f**on gesprochen.

5 Kraftwerke

Vorübung:

Die Elek**t**ri**z**it**ä**t, der ele**k**trische Str**o**m; der Flu**ss**, die L**ä**nge des Flu**ss**es, die Flü**ss**e, fl**ieß**en; ein ungeheurer **Druck**, **drück**en; die R**oh**re, das R**oh**r, ein Eisen**rohr**; eine Masch**i**ne in Bewegung setzen; eine Turb**i**ne.

Ansage:

Kraf**t**werke erz**eu**gen **e**le**k**trischen Str**o**m. Hinter hohen Spe**rr**mauern wir**d** das Wa**ss**er eines Flu**ss**es oder der Gebir**gs**b**ä**che aufgestau**t**. Mit ungeh**eu**re**m** Dru**ck** stür**zt** es da**nn** durch lange R**oh**re auf die Schaufelr**ä**der einer **K**raftmasch**i**ne (Turb**i**ne). D**ie**se Masch**i**ne setzt eine **a**ndere in **B**eweg**ung** und erzeu**gt** **e**le**k**trischen Str**o**m.

6 Karpfen

Vorübung:

Das Schwi**mm**becken, schwi**mm**en, ein Schwi**mm**er; **Ch**ina, der **Ch**inese, **ch**inesisch; Teiche und Flü**ss**e, fl**ieß**en, der Flu**ss**; s**ie**den, so**tt**, geso**tt**en; e**ss**en, er i**ss**t Fische, beim **E**ssen, e**ss**bar; die Gr**ä**te des Fisches, eine Gr**ä**te verschlucken; **A**cht geben.

Ansage:

In der **F**ischhan**d**l**ung** schwi**mm**en in eine**m** **G**las**b**e**ck**en **F**ische h**i**n und h**e**r. Das sin**d** Kar**pf**en. **Sie** ka**m**en einst aus **Ch**ina. Sie sind aber schon lange in unseren **T**eichen und Flüssen heimisch. Kar**pf**en schme**ck**en ge**s**o**tt**en oder ge**b**raten s**eh**r gut. Beim Essen von **F**ischen mu**ss** man auf die feinen **Gr**ä**t**en **A**cht geben.

7 Dampfmaschinen

Vorübung:

Dampfmaschi**n**en, **m**aschi**n**e**ll**; we**nn** (= Bindewort) ma**n** schreibt, . . . we**nn** es regnet, . . . aber: An we**n** (= Fürwort) schreibt er? Der Ke**ss**el, ein Dampfke**ss**el; die Ele**k**tri**z**it**ä**t, ele**k**trisch; das Schi**ff**, die Schi**fff**ahrt.

Ansage:

We**nn** ma**n** das Wa**ss**er erhi**tzt**, entst**eh**t Dampf. Der Dampf in eine**m** Koch**topf** hat **vie**l Kraft. Er ka**nn** einen De**ck**el aufheben. **V**iel st**ä**rker ist der Dampf in eine**m** gro**ß**en Dampfke**ss**el. Er ka**nn** Masch**i**nen oder Schi**ff**e antreiben. Auch ele**k**trischer Strom wird mit Hilfe gro**ß**er Dampfmasch**i**nen erzeu**gt**.

8 Eis ist gefrorenes Wasser

Vorübung:

Gefrorenes Wasser, frieren, gefrieren; das Thermometer; die Temperatur; null Grad, die Kältegrade; Schlittschuh laufen, beim Schlittschuhlaufen, ein Eislaufplatz; schmelzen, das Eis schmilzt; wieder (= nochmals), immer wieder; speisen, die Speise; der Speisesaal.

Ansage:

Wenn das Thermometer Kältegrade zeigt, gefriert das Wasser. Es wird zu Eis. Dann kannst du auf einem Teich Schlittschuh laufen. Wenn aber die Temperatur über null Grad ansteigt, ist es mit der Herrlichkeit aus. Das Eis schmilzt und wird wieder zu Wasser. Durch Eis halten sich die Speisen frisch.

9 Der Maulwurf

Vorübung:

Der Maulwurf gr**ä**bt G**ä**nge, gra**b**en; die W**ie**se, eine Wie**s**enblume; der A**ck**er, die **Äck**er; sich n**äh**ren, die N**ah**rung, n**ahr**haft; sch**äd**lich und nü**tz**lich, der Nu**tz**en; tro**tz**dem, der Tro**tz**; jagen, er jag**t** nach M**äu**sen; die Jag**d**, ein Jag**d**hund; die Nacht, **n**achts, in der Nacht, heute **N**acht.

Ansage:

Der **M**aulwurf gr**ä**bt wie ein Bergma**nn** G**ä**nge unter den W**ie**sen und **Äck**ern. Er n**äh**rt sich von **E**ngerlingen und anderen sch**äd**lichen T**ie**ren. Er ist also für die Menschen nü**tz**lich. Tro**tz**de**m** hat der **G**ärtner über die Er**d**hügel im Ra**s**en keine Freude. Nach**ts** ko**mm**t der Maulwurf auch an die Erdoberfl**ä**che und jag**t** M**äu**se, Frösche und Schne**ck**en.

10 Im Konzert

Vorübung:

Der **Saal**, ein Tanzs**aa**l, die Konzerts**ä**le; die B**üh**ne; die Musi**k**er, ein Musi**k**instrumen**t**, musi**zie**ren; das Or**ch**ester, ein Blasor**ch**ester; der **D**irigen**t**, **d**irig**ie**ren; Beifa**ll** kla**tsch**en.

Ansage:

In einem großen **Saa**l si**tz**en **v**iele Menschen. Sie sind a**ll**e festlich geklei**det**. Auf der B**üh**ne haben Musi**k**er **Platz** geno**mm**en. Es sind Mä**nn**er und Frauen mit Geigen, **T**rom**p**eten, Fl**ö**ten und anderen **M**usi**k**instrumen**t**en. A**ll**e zusammen bilden das **Orchester**. Nun ko**mm**t ein Ma**nn** auf die B**üh**ne. Es ist der **Dirigent** oder Kape**ll**-meister. Auf sein Zeichen begi**nn**en die Musi**k**er zu sp**ie**len. Nach de**m** Kon**z**ert kla**tsch**en die Leute lange Beifa**ll**.

11 Der Mond

Vorübung:

Der Mon**d**, die Mon**d**sichel; der Kreis, umkrei**s**en; die Ra**k**ete **f**otografieren (**ph**otogra**ph**ieren), eine **F**otografie; scheinen, sch**ie**n, geschienen; abwen**d**en, er wan**dt**e sich von ihm ab, die abgewan**dt**e Seite.

Ansage:

Der Mon**d** um**k**rei**s**t die Erde. Da**z**u braucht er 29½ Tage. Er k**eh**rt dabei der **Er**d**e** i**mm**er die **g**l**ei**che **Sei**te zu. S**ei**ne andere **Sei**te wurde bisher nur **v**on Ra**k**e**t**en aus **f**otogra**fie**rt. Unser Mon**d** wird **v**on der So**nn**e besch**ie**nen. Daher l**euch**t**e**t er he**ll**. Wenn Neumon**d** ist, se**h**en wir **ih**n gar nicht. Da bel**euch**t**e**t die So**nn**e nur die der Erde a**b**gewan**dt**e Sei**t**e. Nach Neumon**d** wir**d** die schm**a**le Mon**d**sichel sich**t**bar.

12 Ein Sonnentag

Vorübung:

Die So**nn**e z**ieh**t vorbei, sie zog vorbei; es scheint, als z**ö**ge sie vorbei; ste**h**en, sie st**eh**t still; **v**iel, **v**ielm**eh**r, **v**ielmals, **v**ie**ll**eicht; dr**eh**en, sie dr**eh**t sich, die Dr**eh**ung; w**oh**nen, die W**oh**nung, bew**oh**nt; zuwen**d**en, er wan**dt**e sich mir zu, hat sich mir zugewan**dt**; allm**äh**lich; w**äh**rend der Nacht, w**äh**rend des Sommers, w**äh**rend . . ., immerw**äh**rend.

Ansage:

Uns schein**t** es, als z**ö**ge die So**nn**e von **O**sten nach **W**esten im Bogen über uns h**i**n. Aber die So**nn**e st**eh**t sti**ll**. **Viel**me**h**r bewegt sich die **E**rde um die So**nn**e und **dreh**t sich dabei um sich selbst. Und da**s** Haus, in de**m** du w**oh**nst, dr**eh**t sich mit. Ist unser Teil der Erde der So**nn**e zugewan**dt**, da**nn** ist hier he**ll**er Tag. Die Erde **dreh**t sich weiter. A**ll**m**äh**lich wird es du**nk**el und k**üh**l. Da**nn** ist ein **a**nderer **T**eil der Erde der So**nn**e zugewan**dt** und hat **T**ageslicht. Bei uns ist w**äh**rend d**ie**ser **Z**eit Nach**t**.

13 Wie viele Haare hast du auf dem Kopf?

Vorübung:

Die **H**a**a**re, ein H**ä**rchen, beh**aa**rt sein; la**ss**en, sie **lä**sst; w**a**chsen, sie w**ä**chst, ein Gew**ächs**; ein Mi**ll**imeter; ungef**äh**r; der **Ch**inese, **chi**nesisch; s**au**gen, sie s**äu**gt ihr Junges, das S**äu**getier; K**ä**lte und N**ä**sse, kalt und na**ss**; das Fe**ll**.

Ansage:

Hil**d**e **lä**ss**t** sich Zöpfe wa**ch**sen. Je**tzt** sind **ih**re H**aa**re erst ganz kur**z**. Aber sie werden bald l**ä**nger sein. Ein H**aa**r w**ä**chst in einer Woche m**eh**r als zwei Mi**ll**imeter. H**aa**re sind so wie deine N**ä**gel aus **H**orn. Du hast ungef**äh**r 110.000 H**aa**re auf de**m** Kopf. Schwarzhäutige haben krause H**aa**re, **Ch**inesen gla**tt**e. Auch die S**äu**get**ie**re haben zum Schu**tz** gegen K**ä**lte und N**ä**sse ein H**aa**rklei**d**, das Fe**ll**.

14 Glas lässt sich gießen oder pressen

Vorübung:

Das Glas, viele Gläser, gläsern; gewöhnlich, etwas gewohnt sein; das Soda; schmelzen, der Schmelzofen, geschmolzen; flüssig, die Flüssigkeit, gießen, goss, gegossen, das Gießen, beim Gießen, durch Gießen oder Pressen; blasen, das Blasen, durch Blasen, der Glasbläser; die Schüssel; schleifen, schliff, geschliffen.

Ansage:

Glas wird aus so gewöhnlichen Stoffen wie Quarzsand, Kalk und Soda erzeugt. Diese Stoffe werden durch große Hitze in Glasöfen geschmolzen. Aus der Flüssigkeit werden Glastafeln gegossen. Flaschen, Gläser, Schüsseln und andere Gegenstände aus Glas werden aus der Schmelzmasse durch Blasen mit Glaspfeifen, durch Ziehen, Gießen oder Pressen hergestellt. Ein besonders schönes Glas ist das Bleikristall. Dieses wird geschliffen.

15 Das Quecksilber

Vorübung:

Das F**ie**ber; das **Th**ermometer, das F**ie**ber**th**ermometer; das **Queck**silber, die **Queck**silbers**äu**le; die Temp**e**ra**t**ur, **t**emper**ie**rt; gleichm**äß**ig erw**ä**rmen; z**ieh**en, es z**ieh**t sich zusammen; das **S**teigen und **F**allen.

Ansage:

Das F**ie**ber**th**ermom**e**ter ist auf de**n** **B**oden gefa**ll**en und zerbrochen. Gl**ä**nzende **K**ü**g**elchen ro**ll**en da**v**on und la**ss**en sich nicht fangen. Das ist das **Queck**silber. Es ist das **e**inzige **M**e**t**a**ll**, das schon bei gew**öh**nlicher **Temperatur** flü**ss**ig ist. Bei **E**rw**ä**rmung d**eh**nt es sich stark und gleichm**äß**ig aus. Bei K**ä**lte z**ieh**t es sich zusa**mm**en. Man mi**ss**t mit Gra**d**zeichen das **S**teigen und **F**a**ll**en der **Qu**ecksilbers**äu**le im **Th**ermometer. Dadurch erf**äh**rt man die **H**öhe der **Temperatur**. **Qu**ecksilber ist giftig.

16 Erika wird operiert

Vorübung:

Schmerzen, schmerzhaft; der Arzt, ärztliche Hilfe; bekommen, er bekam etwas; arg, ärger, sich ärgern, der Ärger; operieren, die Operation; riechen; sie schlief; er rief; die Narkose, narkotisieren; betäuben, betäubt sein; etwas spüren; jetzt wieder, etwas wiederholen; die Injektion.

Ansage:

Erika bekam eines Tages starke Leibschmerzen. Der Arzt untersuchte sie. Dann sagte er: „Aha, der Blinddarm ist entzündet. Er soll uns aber nicht lange ärgern. Den schneiden wir einfach heraus.“ Erika wurde also operiert. Man gab ihr eine Injektion. Daraufhin schlief sie ein. „Das war eine **Narkose**“, erklärte ihr nachher die Krankenschwester. „Die Narkose hat dich betäubt, sodass du von der Operation nichts gespürt hast. Jetzt wirst du bald wieder gesund werden.“

17 Die Elektrizität ist eine geheimnisvolle Kraft

Vorübung:

Die Gl**üh**lampe, gl**üh**en, zum **Glüh**en bringen; b**ü**geln, das B**ü**geleisen; der A**pp**arat, der Radioa**pp**arat; die **E**le**k**tri**z**ität, Ele**k**tri**z**it**ä**tsteilchen, die Ele**k**tr**o**nen; Ben**zi**n, der Ben**zi**nmotor; der Stau**b**, ein Stau**b**sauger; zün**d**en, eine Zün**d**ker**z**e.

Ansage:

Sie bringt die Gl**üh**lampe zum **L**euchten, erhi**tzt** das B**ü**geleisen, trei**b**t den M**o**tor de**s** Stau**b**sauger**s** an und lä**ss**t Musi**k** aus dem Radioa**pp**arat ert**ö**nen. Unen**d**lich kleine Ele**k**tri**zi**t**ä**tsteilchen, die Ele**k**tr**o**nen, werden von de**n** großen Masch**i**nen unserer Ele**k**tri**zi**t**ä**tswerke in den starken Dr**äh**ten der Überlan**d**leitungen bewegt. Die Ele**k**tronen **b**ringen die feinen Dr**äh**te der Gl**üh**lampen, des B**ü**geleisens und der Koch**p**la**tt**e zum **Glüh**en. Sie erzeugen die **F**unken der Zün**d**ker**z**e in den Ben**z**inm**o**toren und setzen dadurch unsere Kraftw**a**gen in **B**ewegung.

18 Fotografieren ist keine Hexerei

Vorübung:

Der A**pp**arat, ein Fotoa**pp**arat; **f**otogra**f**ieren (**ph**otogra**ph**ieren), die **F**otogra**f**ie; die Ka**m**era, die Ka**m**eraeinstellung; i**nn**en, das I**nn**ere; lichtem**pf**in**d**lich; die **A**ufn**ah**me, etwas **a**ufn**eh**men.

Ansage:

Peter hat lange und fleißig gesp**a**rt. Nun ka**nn** er sich einen Fotoa**p**-**p**ar**a**t kaufen. Es ist nur ein kleiner **App**ar**a**t. Peter macht damit aber tro**tz**dem schöne Aufn**ah**men. Das **F**otogra**f**ieren ist keine Zauberei. We**nn** Peter auf den Ausl**ö**ser drü**ck**t, **fäll**t einen Augenbli**ck** Licht durch die Linse der Ka**m**era in das I**nn**ere. Dort ist ein Film. Auf diese**m** werden a**ll**e he**ll**en und dunklen Ste**ll**en des **f**otogra**f**ierten **G**egenstan**d**es auf der lich**t**empfin**d**lichen Schich**t** des Films festgehalten. Den Film l**äss**t Peter en**t**wi**ck**eln. Er beko**mm**t da**nn** **v**on jeder Aufn**ah**me ein Bild.

19 Der Kreislauf des Wassers

Vorübung:

Der Kreislauf, kreisen, der Kreis; verdunsten, der Dunst; kühl, abkühlen, das Meer; immer mehr; schweben; entstehen, die Entstehung; schließen, schließlich; fließen, es fließt, der Fluss, die Flüsse; zusammenfließen; herab, herabfallen.

Ansage:

Auch kaltes Wasser kann in der Luft verschwinden. Es verdunstet. Kleinste Teilchen schweben empor. So verdunstet die Pfütze und die Feuchtigkeit aus der Badehose. Auch das Wasser des Meeres verdunstet. Wenn die feuchte Luft dann hoch über der Erde abkühlt, entstehen Wolken. Je mehr Tröpfchen sich sammeln, desto größer und dunkler wird sie. Die Tröpfchen sind schließlich so dicht beieinander, dass sie zusammenfließen und zur Erde herabfallen. Es regnet. Das Regenwasser sammelt sich in Bächen und Flüssen und fließt wieder zum Meer. Dort beginnt es neuerlich zu verdunsten.

20 Der Regenwurm ist ein Bodenbewohner

Vorübung:

Die Blä**tt**er, das Bla**tt**; ich wei**ß**, da**ss** . . ., glaube, da**ss** . . ., hoffe, da**ss** . . . (da**ss** = Bindewort); meterlange G**ä**nge; die W**ä**rme, die Oberfl**ä**che; n**ä**mlich (abgeleitet von „Name“); das **At**men, die **At**mung, eine Ate**m**übung; das Lau**b**, die **B**lätter, die Lau**bb**lätter; fre**ss**en, er fri**ss**t, hat gefre**ss**en.

Ansage:

Du hast sicher schon beobachtet, da**ss** Blä**tt**er und Gra**s**halme in kleinen Löchern ste**ck**en. Es sind die Sp**u**ren der R**e**genwürmer. Sie ko**mm**en nach einem R**e**gen oder nach taufrischen So**mm**ern**ä**chten aus **ih**ren oft **m**eterlangen G**ä**ngen an die **O**berfl**ä**che. Der R**e**genwurm scheut die W**ä**rme der So**nn**e. Sie tro**ck**net n**ä**mlich seine schleimige Haut aus und macht **ihm** das **A**tmen unmöglich.
Der R**e**genwurm ist ein s**eh**r nü**tz**licher Bodenbew**oh**ner. Er lo**ck**ert und durchlüftet den Bo**d**en. Auch **zerk**leinert er die abgefa**ll**enen Lau**bbl**ä**tter und fri**ss**t sich durch die Erde hindurch.

21 Am Morgen

Vorübung:

Der We**ck**er ras**s**elt, ras**s**eln, das **R**as**s**eln; heute fr**üh**, das Fr**üh**-st**ück**, fr**üh**stü**ck**en; die **Uh**r, s**ie**ben **Uh**r in der **Früh**; der **P**unkt, **P**unkt (genau) acht **Uh**r; nicht zu sp**ä**t ko**mm**en; die Glo**ck**e l**äu**tet, das L**äu**ten der Glo**ck**e h**ö**ren, das Abendl**äu**ten.

Ansage:

„Rrrrr . . .“ ras**s**elt der We**ck**er um se**chs** **Uh**r fr**üh**. Die Mu**tt**er mu**ss** aufst**eh**en und für die Fam**i**lie das Fr**üh**stück kochen. Punkt s**ie**ben **Uh**r heult die Sir**e**ne dr**ü**ben in der Fabri**k**. Sie zeigt den Begi**nn** der Arbeit an. Um ½8 **Uh**r mü**ss**en die Kinder aus dem Haus, damit sie rech**t**zeitig in die Sch**u**le kommen, denn **P**unkt acht **Uh**r l**äu**tet die Sch**u**lglo**ck**e! Um 8.15 **Uh**r f**äh**rt **V**aters Zug ab, da hei**ß**t es die Zeit einteilen(,) um ja nicht zu sp**ä**t zu ko**mm**en.

22 Mein Aquarium

Vorübung:

Das A**qu**arium[1], zwei A**qu**ari**en**; das Te**rr**arium[2], zwei Te**rr**ar**ien**; die Kaul**qu**a**pp**en; kreuz und **qu**er; **qu**a**k**en, das Ge**qu**a**k**e, **quick-**lebendig sein; es be**qu**em haben, denn . . .; fü**tt**ern, das Fu**tt**er.

Ansage:

Ich habe ein **Aquarium**[1] und ein **Terrarium**[2]. In de**m** **e**inen schwi**mm**en Fische und Kaul**quapp**en **kreuz** und **qu**er herum, in dem **a**nderen hat ein Lau**b**frosch sein **Qu**artier. An manchen Tagen **qu**akt der Frosch so laut, da**ss** man es in der ganzen Umgebung hört und auf schlechtes We**tt**er schlie**ß**t. Ich habe **ih**n selbst gefangen und hatte **Müh**e, diesen **qu**icklebendigen Springer zu erhaschen. In meine**m** gro**ß**en Te**rr**arium hat es der Lau**b**frosch sehr be**qu**em, de**nn** ich fü**tt**ere ihn t**ä**glich mit le**b**enden Fl**ie**gen.

[1] Gefäß zur Pflege von Wassertieren und -pflanzen.
[2] Gefäß für die Haltung von Lurchen und Kriechtieren.

23 Das stolze Pferd

Vorübung:

Ein **P**alast, mehrere **P**al**ä**ste; ha**rr**en (warten); ze**rr**en, scha**ff**en; ein dü**rr**er Kle**pp**er (altes Pferd); ein kna**rr**ender Ka**rr**en; den Schimmel ansta**rr**en; sich umwen**d**en, er wan**dt**e sich um; die **Mäh**re (Pferd).

Ansage:

Einst stand vor dem **P**alast eines Fürsten ein he**rr**licher Schi**mm**el und ha**rr**te auf seinen He**rr**n. **V**o**ll** **U**ngeduld scha**rr**te das edle Tier mit den Hufen und ze**rr**te an den Zügeln. Da kam ein dü**rr**er Kle**pp**er vorbei. Er zog einen kna**rr**enden Ka**rr**en hinter sich her. Als der alte Gaul den Schi**mm**el erbli**ck**te, blieb er stehen und sta**rr**te auf das he**rr**lich gez**äu**mte Pferd. Doch dieses wan**dt**e sich mü**rr**isch und stolz ab. Da sprach die alte **Mäh**re: „Du aufgeblasener Na**rr**! Auch ich war einst ein stolzes Reitpferd(,) und auch dir wird es im Alter nicht be**ss**er ergehen als mir.“

24 Der Sperling

Vorübung:

Die W**oh**nung, w**oh**nen; w**oh**l; die Baumkr**o**nen; h**oh**l, die Hö**h**le; etwas h**o**len; das Str**oh**, ein str**oh**gedecktes Dach; das M**oo**s, m**oo**sig; das Gezwi**tsch**er, zwi**tsch**ern; der St**a**r (ein Vogel), ein St**a**renh**äu**schen.

Ansage:

Übera**ll**, wo Menschen w**oh**nen, ist auch der Sperling zu Hause. Diesen **V**ogel ke**nn**t w**oh**l jedes Kind. Gew**öh**nlich hat er seine W**oh**nung an G**ie**beln, unter D**ä**chern oder in Baumkr**o**nen und h**oh**len B**äu**men aufgeschlagen. Aber auch im St**a**rkasten richtet er sich gerne w**oh**nlich ein. Er ist nicht gew**oh**nt, Rü**ck**sicht zu nehmen. Aus dem M**oo**r oder de**m** nahen Wald h**o**lt er sich M**oo**s, von den Feldern Str**oh**. Da**nn** baut er sein Nest, und nach wenigen Stun**d**en ist seine W**oh**nung fertig. Sch**o**n am frühen M**o**rgen klingt sein Gezwi**tsch**er an unsere **Oh**ren.

25 Werner sammelt Briefmarken

Vorübung:

Br**ie**fmarken sa**mm**eln; die Sa**mm**lung; das Briefmarkenalb**um**, zwei Briefmarkenalb**en** haben; der **K**a**t**alog, ein Briefmarken**k**a**t**alog; die **H**erkunft; pr**ü**fen, die **Prü**fung, überpr**ü**fen; die Za**ck**e, geza**ck**t; das **E**rscheinungsj**ah**r.

Ansage:

Werner wi**ll** rasch heimko**mm**en. In seiner Tasche ste**ck**t ein Umschlag mit Br**ie**fmarken. Onkel Franz hat sie ihm soeben gesche**nk**t. Daheim schl**ä**gt er sein Br**ie**fmar**kenalbum** auf. Daneben liegt der Briefmarken**katalog**. Am So**nn**tag ni**mm**t er die Marken aus dem **U**mschla**g** und ordnet sie nach L**ä**ndern und **ih**rer **H**er**k**unft. Jede Mar**k**e wird von Werner genau über**p**rüft. Keine Za**ck**e darf f**eh**len. Mit **H**ilfe des **K**a**t**alogs besti**mm**t Werner das **E**rscheinun**gsjah**r der Marken. Nun werden sie ins Ma**rkenalbum** gesteckt.

26 Achtung, Baustelle!

Vorübung:

Die Straße, die Straßendecke, die Straßenbauverwaltung; alle Hände voll zu tun haben; der Verkehr, ein Verkehrshindernis; viele Hindernisse; die Sorgfalt, sorgfältig; das Kennzeichen, die Kennzeichnung; warnen, die Warnung, eine Warneinrichtung.

Ansage:

Straßen halten leider nicht ewig. Die vielen Fahrzeuge, die darüber hinwegrollen, beschädigen immer wieder die Straßendecke. Die Bautrupps der Straßenbauverwaltung haben daher stets alle Hände voll zu tun. Eine solche Baustelle ist natürlich immer ein Verkehrshindernis. Damit die Fahrer rechtzeitig gewarnt sind, werden Baustellen sorgfältig gekennzeichnet. Wer an Baustellen spielt, die Kennzeichnungen und **Warneinrichtungen** beseitigt oder zerstört, begeht eine sehr grobe Verkehrssünde. Er handelt unverantwortlich. Das kann nicht deutlich genug gesagt werden.

27 Heute rot, morgen tot

Vorübung:

Der To**d**, der Hungerto**d**, tö**d**liche Unfälle, to**d**bringende Gefahren; to**t** sein, getö**t**et werden, der To**t**e, Verkehrsto**t**e, etwas to**t**schweigen; die **Qu**al, **qu**alvoll; **v**iel, **v**ielmehr, **vie**lmals; **v**e**rr**ingern; das **V**ersagen, ein **V**ersagen der Bremsen, die **B**remsen haben **v**ersagt.

Ansage:

So lau**t**e**t** ein altes Sprichwor**t**. Es ist w**oh**l im **Z**usa**mm**enhang mit de**m** frühen To**d** mancher Sol**d**a**t**en en**t**stan**d**en. Heu**t**e je**d**och ster**b**en die Menschen meist nicht mehr im Krieg. Sie ster**b**en auch nur selten eines qu**a**l**v**o**ll**en Hungerto**d**es. Heu**t**e lauern die to**d**bringen**d**en Gef**ah**ren auf der Straße, de**nn** **t**äglich werden **viele** Menschen im Verk**eh**r getö**t**et. Das ist eine Ta**t**sache, die nicht einfach to**t**geschwiegen werden darf. Man mu**ss** **viel**mehr den Ursachen der Unfä**ll**e nachgehen und alles un**ter**n**eh**men, was die gro**ß**e **Z**a**h**l der Verk**eh**rsto**t**en ve**rr**ingern ka**nn**. Selten f**üh**ren technische M**ä**ngel an F**ah**rzeugen zu tö**d**lichen Unfä**ll**en. Weit h**äu**figer ist menschliches **V**ersagen **s**chul**d** an den **vie**len **Z**usammenstößen.

28 Der vorsichtige Träumer

Vorübung:

Die Stadt, ein Städtlein, zwei Städte; eine Herberge; ein Paar (= zwei zusammengehörige) Pantoffeln, der Pantoffel; binden, er band, das Band, die Strumpfbänder; erwidern, eine Erwiderung (Entgegnung); der Erste (der Reihe nach), der Zweite, der Dritte . . .; der Preis, preiswert; barfuß.

Ansage:

In einem Städtlein in der Schweiz übernachtete einmal ein Fremder in einer Herberge. Als er ins Bett gehen wollte und bis auf das Hemd ausgekleidet war, zog er noch ein Paar Pantoffeln aus dem Bündel, legte sie an, band sie mit den Strumpfbändern an den Füßen fest und legte sich so ins Bett. Da sagte zu ihm ein anderer Wanderer, der in derselben Kammer übernachtete: „Guter Freund, warum tut Ihr das?“
Darauf erwiderte der Erste: „Aus Vorsicht! Denn ich bin einmal im Traum auf eine Glasscherbe getreten. Da hab’ ich im Schlaf solche Schmerzen davon empfunden, dass ich um keinen Preis mehr barfuß schlafen möchte.“

(Johann Peter Hebel)

29 Manfreds Brief

Vorübung:

Die Ferien, während der Ferien; Kärnten; der Wörther See, der Ort Maria Wörth; blühende Gärten; nämlich (kommt von „Name“); bei trübem Wetter, nach langem Wandern in den Wäldern; der Autobus, mehrere Autobusse, die Autobushaltestelle; die Grenze, etwas begrenzen; Slowenien; der Pass, alle Pässe; herzlich grüßen, der Gruß.

Ansage:

Lieber Fritz!
Während der Ferien war ich mit meinen Eltern in Kärnten. Wir haben dort in einem Landhaus am Wörther See gewohnt. Vom Fenster unseres Zimmers aus konnten wir blühende Gärten sehen. Tagsüber hielt ich mich jedoch ständig am Wasser auf, es war nämlich meist sehr heiß. Nur bei trübem Wetter wanderten wir in den Wäldern. Einmal fuhren wir auch mit dem Autobus über die nahe Grenze nach Slowenien. Dort wurden unsere Pässe überprüft.
Ich freue mich schon auf die nächsten Ferien, da werden wir gewiss wieder nach Kärnten fahren.

Es grüßt dich herzlich
dein Manfred

30 Die Bürger

Vorübung:

Der Staat, staatlich, die Staatsbürger; die Wahl, wählen, die Gemeinderatswahl; regieren, die **Regierung**; der **Vorsitzende**, der **Vorstand**; ein Amt innehaben; alle paar Jahre, ein paar (einige) Schillinge (Münzen).

Ansage:

Als Bürger bezeichnet man die Einwohner eines Ortes oder eines Staates. In unseren Ländern bestimmen die Bürger in den Wahlen, welche Männer und Frauen sie in ihrer Gemeinde und in ihrem Staat an der Spitze sehen wollen. Auf diese Art können die Bürger mitbestimmen, welche Menschen den Staat regieren und wer in ihrer Gemeinde beschließen soll, was zu geschehen hat. Das gilt immer für ein paar Jahre. Dann kommen neue Wahlen. Der Vorsitzende des Gemeinderates ist der Bürgermeister. In manchen Gemeinden hat dieses Amt eine Frau inne. Ihren Sitz und Arbeitsplatz haben die Männer und Frauen der Gemeindeverwaltung gewöhnlich im Gemeindeamt oder Rathaus.

31 Vom Basteln

Vorübung:

Das **B**asteln, er **b**astelt, bei**m** **B**asteln; geschi**ck**t sein; sein Geschi**ck**; wa**ck**eln, der Tisch wa**ck**elt, ein wa**ck**liger Se**ss**el; n**äh**en, sie n**äh**t, die **Nah**t; der H**ah**n, der Wasserh**ah**n; die Verwan**dt**en, verwan**dt** sein; ein Schraubenz**ieh**er, ein Korkenz**ieh**er.

Ansage:

Basteln kann jeder. Mancher ist m**eh**r, mancher weniger geschi**ck**t. Wer gern **b**astelt, der freut sich über jedes Tischbein, das wa**ck**elt, über jede Geldbörse mit einer ge**pl**a**tzt**en **Nah**t, über jeden ri**nn**enden Wasserh**ah**n. Dazu braucht der Bastler keinen Han**d**wer**k**er. Solche F**eh**ler behe**b**t er selbst. Der Erfolg freut den Bastler und macht ihm Mut zu neuen Taten. Er „be**b**astelt“ alle Freun**d**e und Verwan**dt**en. M**ä**dchen kö**nn**en heutzutage mit Ha**mm**er und Schrau**b**enz**ieh**er gut umgehen und Buben mit Nadel und Faden. N**äh**schachtel und Werkzeugkasten sind für beide da. Es gibt **v**iele gute **B**astelbücher mit **A**nleitungen zum **B**asteln.

32 Die Butter

Vorübung:

Der Ra**h**m, die Sa**h**ne; we**nn** es regnet; . . ., we**nn** es schneit, . . ., we**nn** er kommt, . . .; kö**nn**en, er ka**nn** es, du ka**nn**st es auch; schwi**mm**en, du schwi**mm**st gut, ein guter Schwi**mm**er; n**ä**mlich (von „Name"); fl**ieß**en, das Wa**ss**er fl**ieß**t ab, der Flu**ss**, flü**ss**ig; zusa**mm**enschl**ieß**en.

Ansage:

Die Butter wird aus R**ah**m gemacht. Der R**ah**m heißt auch O**b**ers oder S**ah**ne. Er wird aus der Milch gewo**nn**en. Man ka**nn** ihn abschöpfen, we**nn** die Milch in einem Topf eine Weile gestan**d**en ist. R**ah**m schwi**mm**t n**ä**mlich oben, weil er fe**tt** ist. Man ka**nn** die Milch auch in einer be**s**onderen Masch**i**ne schl**eu**dern. Dann fl**ieß**en der leichte fe**tt**e R**ah**m und die schwere M**a**germilch getre**nn**t ab. Der R**ah**m wird nun so lange in einem besonderen Fa**ss** herumged**reh**t, **bis** sich die winzigkleinen Fe**tt**klüm**p**chen zusa**mm**enschl**ieß**en. Das ist die Bu**tt**er. Sie wird zu einem Klum**p**en geknetet. Übrig bleibt die Bu**tt**ermilch. Um 1 kg Bu**tt**er zu beko**mm**en(,) braucht man rund 30 l Milch.

33 Die Landschaft Kärntens

Vorübung:

Der **See**, die **vie**len **See**n Kärntens; **vie**lf**ä**ltig, die **Vie**lfalt; die H**ä**nge, h**ä**ngen; das T**a**l, zwei T**ä**ler; die Mor**ä**ne (Schu**tt**halde), Mor**ä**nenw**ä**lle; bewal**d**et, der Wal**d**; das M**oo**r, m**oo**rig; brau**s**en, das **B**rau**s**en, mit dem **B**rausen; die Gi**scht**, gi**scht**en**d**e Wa**ss**erf**ä**lle; der Gra**t** des Berges, geza**ck**te Gra**t**e; die L**ä**rche (ein Nadelbaum), L**ä**rchenbest**ä**n**d**e; die Te**rr**asse, te**rr**a**ss**enförmig.

Ansage:

Nicht weniger rei**z**vo**ll** als die S**ee**n K**ä**rntens ist das **vie**lf**ä**ltige Lan**d**schaftsbil**d** seiner Gebirgswel**t**. Oft steigen die H**ä**nge aus den T**ä**lern te**rr**a**ss**enförmig über S**ee**n empor. Mor**ä**nenw**ä**lle schichten sich auf. Aus dem B**eck**en ragen un**v**ermi**tt**elt bewal**d**e**t**e Hügelrei**h**en, lo**ck**t geheimnis**voll** ein schwankendes M**oo**r. Die Sti**ll**e der romantischen W**ä**lder wechselt mit de**m** Brau**s**en der gischten**d**en Wa**ss**erf**ä**lle, die schl**ieß**lich im Steinbe**tt** glasklarer Gebirgsb**ä**che zur Ruhe ko**mm**en. **Tie**f eingefre**ss**ene Schluchten und wil**d** geza**ck**te Gra**t**e wechseln mit der reichen Fü**ll**e eines bun**t**en Pflan**z**enklei**d**es.
In die Laub- und Mischw**ä**lder, in die Fichten- und L**ä**rchenbest**ä**nde sind die Bergw**ie**sen wie ein Te**pp**ich **voll** bun**t**er Bl**ü**ten eingestreu**t**.

34 Die Dampflokomotive verändert die Welt

Vorübung:

Die Lo**k**omoti**v**e, eine Dampflo**k**omoti**v**e; das **E**reign**is**, **v**iele Ereignis**se**; das **V**erh**ä**ltnis, die **V**erh**ä**ltni**sse**; der **V**erk**eh**r, **V**erk**eh**rsmi**tt**el; die In**d**ustrie, in**d**ustrie**ll**; gewi**ss**, die Gewi**ss**heit haben, wi**ss**en; er ist **f**ertig, eine **F**ertigkeit; eine Genera**tion** (ein Lebensalter), der Ingen**ieu**r, ein Diplomingen**ieu**r; das **K**ö**nn**en, mit seine**m** große**n** **K**ö**nn**en, etwas kö**nn**en; **zäh**, die **Zähig**keit; George Ste**ph**enson.

Ansage:

Die Erfind**ung** der Dampf**lokomotive** ist eines der umwäl**z**en**d**en Ereigni**sse** in der Geschichte der **M**ensch**heit**. Wir sprechen von einer Zeit vor und nach der **Einführung** der Eisenb**ah**n und wo**ll**en damit ausdrü**ck**en, da**ss** sich unser Leben durch dieses **V**erk**eh**rsmi**tt**el von **G**rund auf g**eä**ndert hat. **Industrie** und Han**d**el, wie wir sie heute ke**nn**en, hä**tt**en sich **oh**ne die Eisenb**ah**n nicht zu solcher Bl**ü**te entwi**ck**eln kö**nn**en.
Gewi**ss** ist auch diese technische Tat nicht aus de**m** Kopf eines **e**in**z**elnen Menschen **f**ertig her**v**orgegangen. Ganze Genera**tion**en von **Ingenieuren** und geschi**ck**ten Arbeitern haben ihr **v**orgearbeitet. Aber der Ma**nn**, der mit seinem gro**ß**en **K**önnen und seiner z**äh**en **A**usdauer im Entste**h**ung**s**alter der Eisenb**ah**n den grö**ß**ten Erfolg ha**tt**e, war George **Stephenson**.

35 Zum ersten Mal im Theater

Vorübung:

Das erste **M**al, zum ersten **M**al, **e**rstmals; das **Th**eater, **th**eatralisch; mit **B**edacht, be**d**en**k**en, er da**ch**te, er hat daran ge**d**acht; w**äh**len, gew**äh**lt werden, die W**ah**l; **v**erschwenden, der **V**erschwender, eine **V**erschwend**ung**, das **Th**eaterstü**ck** „**D**er **V**erschwender“; eine Galer**ie** im **Th**eater; mit freie**m**, schöne**m** Bli**ck** auf die B**üh**ne; genie**ß**en, er geno**ss** das **Th**eaterstü**ck**; sich gew**öh**nen, sie sind gew**öh**nt; eine **K**östlich**keit**, köstlich.

Ansage:

Es war nicht a**ll**zu fr**üh**zeitig, da**ss** ich zum **ersten Mal** ins **Th**eater kam. Ich ging in die **z**weite oder **d**ri**tt**e Klasse der **V**olksschule. Meine Eltern ha**tt**en es aufgesp**a**rt und mit **B**edacht gew**äh**lt. Was **ih**nen auf der B**üh**ne besonders teuer w**a**r, sollte ich als ersten **Th**eatereind**r**u**ck** erleben: den „**V**erschwender“. Wir sa**ß**en auf der Gal**e**rie, z**ie**mlich hoch, aber mit freie**m**, schöne**m** Bli**ck** auf de**n** leuchten**den** Ausschni**tt** der B**üh**ne. Ich geno**ss** aufgeregt, aber ich ger**ie**t keineswe**gs** au**ß**er Fassung. Kindern ist das Wunder gemä**ß**. Sie sind gew**öh**nt, **v**iel in der Welt der **E**rwachsenen w**ah**rzun**eh**men, was sie nicht bew**ä**ltigen kö**nn**en(,) und a**ll**es mit solchen Dingen gemischt zu empfangen. Und so n**eh**men sie, fa**s**t un**d**an**k**bar scheinen**d**, auch **K**östlichkeiten als **ih**nen selbstverst**ä**ndlich gezo**ll**t entgegen.

(Max Mell)

36 Germanische Totenbräuche

Vorübung:

Der Tote, viele Totenbräuche; der Tod (das Sterben), sich zu Tode arbeiten; die Seele, seelisch; das Mahl einnehmen; die Leiche, das Leichentuch, der Leichnam; die Beerdigung, einen Toten beerdigen; wieder (nochmals), oft wiederkehren, die Wiederkehr; teilnehmen, er nimmt daran teil; etwaige (von etwa); der Sarg, die Särge.

Ansage:

Von den Germanen sind uns viele Totenbräuche bekannt, die im Aberglauben fortleben. Wo der Tod eingekehrt ist, verhängt man die Spiegel, damit sich die Seele nicht als ein Hauch daransetze. Anderswo öffnet man die Fenster, damit die Seele hinaus könne. Man stellt Lichter um den Sarg(,) um die bösen Geister zu schrecken. Auch heute ist es gegendweise noch üblich(,) Totenwache zu halten oder am offenen Sarg ein Mahl einzunehmen, damit der Tote noch einmal daran teilnehmen könne. Die Leiche wird mit den Füßen voran aus dem Zimmer getragen, gleichzeitig wirft man Stühle, Schemel und Bänke um, sollen doch die Totengeister nicht wiederkehren. Auch das Mahl nach der Beerdigung hatte ursprünglich den Sinn, sich gegen etwaige Berührung mit dem Tode zu stärken.

37 Waschbären sind Kleinbären

Vorübung:

Der Bär, die Kleinbären, der Waschbär, die Schnauze, ein Schnauzbart; ähnlich, die Ähnlichkeit, ähneln; die Fußsohlen, der Sohlengänger, die Schuhsohle; neuerdings, allerdings; Nordamerika, Südamerika.

Ansage:

Es gibt außer den großen Bären noch eine besondere Familie von Kleinbären. Dazu gehört der Waschbär. Er wird etwas größer als ein Fuchs. Auch das Gesicht des Waschbären mit der spitzen Schnauze ähnelt eher dem eines Hundes als eines Bären. Aber an den Pfoten mit den langen Fußsohlen erkennt man deutlich, dass er ein Bär ist, denn wie alle Bären ist er ein „Sohlengänger“. Er durchstreift Wälder, Felder und Wiesenland. Nordamerika ist seine Heimat. Neuerdings bewohnt er auch manche Wälder in Deutschland, zum Beispiel in der Lüneburger Heide. Wegen des wertvollen, dichten Pelzes sind Waschbären nämlich dort in Farmen gezüchtet worden. Einige Tiere sind daraus entwischt und leben und vermehren sich nun in der Freiheit.

38 Vom Eise befreit . . .

Vorübung:

Der Frü**h**ling, in der Frü**he**, frü**h**, heute frü**h**, frü**h**zeitig; blü**h**en, es blü**h**t; die Blüte; **prä**chtig, die **P**racht, **p**racht**voll**; trübe, das frische Grün, grüne W**ie**sen; der Obst- und Nahrun**gs**segen; die Natur, natürlich.

Ansage:

„Vom Eise befreit sind Strom und B**ä**che durch des Frü**h**lings holden, belebenden Blick, im Tale grünet Ho**ff**nung**s**glück!", lä**ss**t **Goethe** während des Osterspa**z**ierganges den Dr. Faust ausrufen. Ja, die Natur bricht auf(,) und es grü**n**t und blü**h**t von neue**m** in verschwenderischer **P**racht. Es ist, als ob uns die Nat**u**r entsch**ä**digen wo**ll**te für die tr**ü**ben und kalten Tage des vergangenen Winters. Da**ss** sie das aber kann, uns nun mit Bl**ü**ten und frische**m** **G**rün erfreut und sp**ä**ter im Herbst mit reiche**m** Obst- und **Nah**rung**s**segen besch**e**nkt, dazu mu**ss** auch die Nat**u**r eine Zeit der **Ruhe** und des **Kr**äftesa**mm**elns einschalten.

39 Im Wald

Vorübung:

Die Maus, **v**iele **Mäu**se, das **Mäu**senest; blin**d**, blin**d**e Menschen, der Blin**d**e; sto**ß**en, er st**ö**ßt; das Auge, **Äu**glein, der Hase **äu**gt; **ä**sen, das Reh **ä**st; der Kl**ee**, ein Kl**ee**blatt; der Ku**ck**u**ck**, ein Ku**ck**u**ck**sei; gu**rr**en, die Taube gu**rr**t; sich **ä**ngstigen, b**eä**ngstigen**d**.

Ansage:

Ein gesegneter Tag ist h**eu**te. Nicht weniger als se**chs** fe**tt**e Blin**d**-schleichen findet der Da**chs** im f**eu**chten Waldboden. Alle na**s**elang **stöß**t er auf ein neues **Mäu**senest. Der Ku**ck**u**ck** ruft, die Tauben gu**rr**en. Aus dem Gestr**äu**ch tri**tt** ein sch**eu**er Bo**ck** heraus, **äu**gt hin und her und **ä**st sich dann an Gras und Kl**ee**. Auf einmal erschri**ckt** der Da**chs** furchtbar, schnauft b**eä**ngstigt und wird ganz kur**z** und breit, de**nn** mit betr**ä**chtlichem Get**ö**se plum**pst** etwas vor ihm in das Laub, eine bl**äu**lich schi**mm**ernde Kr**äh**e.

(Nach Hermann Löns)

40 Faltbootfahren

Vorübung:

Das **W**andern, das **W**asserwandern; f**ah**ren, einen Flu**ss** bef**ah**ren, das **Bef****ah**ren des Flu**ss**es; das B**oo**t, die B**oo**tswand, Faltb**oo**te, Pa**d**-**d**elb**oo**te; pa**dd**eln, das Pa**dd**eln, beim **P**a**dd**eln, das Pa**dd**el; rudern, das **R**udern, beim **R**udern; zum **V**orwärtsbewegen; das **A**ufbauen und **Z**usammenlegen des B**oo**tes.

Ansage:

Wasserwandern ist das **W**andern auf unseren Flü**ss**en. Wir verwenden zum **B**efahren kleine zusa**mm**enlegbare B**oo**te. Ein Pa**dd**elb**oo**t besteht aus einem Gerüst von Stäben. Über sie wird als B**oo**tswand eine wa**ss**erdichte Segeltuchhaut gezogen. Zum **V**orwärtsbewegen dient das Pa**dd**el. Das ist ein hölzernes Ruder, da**s** an beiden Enden schaufelförmige **B**lätter trägt. Beim **P**a**dd**eln wird es freihändig ge-**b**raucht. Der Fahrer sieht das Ziel, da**s** er ansteuert. Beim **R**udern im Ruderb**oo**t dagegen sieht man das Ziel nicht, sondern schaut rückwär**ts**.
Ein Einer-**F**altb**oo**t wiegt 20 oder 25 kg. Der Pa**dd**ler wandert in seinem B**oo**t Flü**ss**e und Flü**ss**chen abwär**ts**. Das **F**ahren bergauf geschieht meist auf dem Landweg, oft mit der Eisenbahn, de**nn** **A**ufbauen und **Z**usa**mm**enlegen des B**oo**tes verlangen wenig Zeit.

41 Der Esel und der Wolf

Vorübung:

Der **D**orn; l**ah**m, gel**äh**mt sein, der L**ah**me, l**äh**men; jemande**m** etwas gew**äh**ren, ohne Gew**äh**r; gö**nn**en, die Gu**n**st, gü**n**stig; Schme**rz**en erdulden, schme**rz**lich, schme**rz**haft; fl**ieh**en, er fl**ieh**t, er fl**oh**, er ist gefl**oh**en; mein **Tod**, tö**d**lich verle**tzt** sein; der Ar**zt**, ein Rossar**zt**, der Tierar**zt**.

Ansage:

Der E**s**el hatte sich einen Dorn in den Fu**ß** getreten und lag l**ah**m auf der Stra**ß**e. Als sich ihm ein Wolf n**äh**erte, rief er ihn an: „**D**u, Wolf, ich komme um vor Schme**rz** und mu**ss** **d**ir zum Opfer fa**ll**en oder den Geiern und R**a**ben. So gew**äh**re mir doch noch eine **G**u**n**st: **Zieh** den Dorn aus meine**m** Fu**ß**, damit ich vor meine**m** To**d** nicht auch diesen Schme**rz** noch er**d**ul**d**en mu**ss**.“ Der Wolf fa**ss**te den Dorn mit seinen **Z**ä**h**nen und zog ihn heraus. Be**v**or er da**nn** sein Maul w**ie**der ö**ff**nen konnte, **z**erschlug ihm der Esel mit einem Tri**tt** Na**s**e und Stirn und entfl**oh**. Da sagte der Wolf: „Das gesch**ah** mir Recht. Das Fleischergewerbe habe ich erlernt, warum mu**ss**te ich auch den Ro**ss**ar**zt** spielen!“

42 Freude bereiten

Vorübung:

Die **G**elegen**heit**, gelegen**t**lich; tragen, sie tr**ä**gt; **Ä**pfel; sch**ä**len, die Sch**a**le; we**nn** (= Bindewort) es regnet, . . ., we**nn** es Abend wird . . ., we**nn** er kommt, . . ., we**nn** du **ih**m hilfst, . . .; we**n** (= Fürwort) meinst du? Jemande**m** zu **D**iensten sein; der **G**rei**s**, **g**rei**s**enhaft.

Ansage:

Übera**ll** bietet sich **G**elegen**heit**(,) anderen zu helfen. Du ka**nn**st der Mu**tt**er Fr**eu**de bereiten, we**nn** du ihr K**oh**len vom Ke**ll**er herauftr**ä**gst, we**nn** du ihr Kart**off**eln sch**ä**lst, we**nn** du die notwendigen Eink**äu**fe besorgst, we**nn** du dein Brüderchen beaufsichtigst. De**m** **V**ater erweist du einen **G**efallen, we**nn** du seine Schuhe aufr**äu**mst, we**nn** du **ih**m die Zeitung bringst, we**nn** du **ih**m Bier holst, we**nn** du **ih**m im Garten hilfst. Aber auch fremden L**eu**ten sollst du zu **D**iensten sein. Du brauchst dich nicht zu sch**ä**men, we**nn** du einer alten Frau die Einkaufstasche tr**ä**gst, we**nn** du einen gebr**e**chlichen **G**reis über die Straße f**üh**rst oder we**nn** du einer armen Fami**l**ie Kleidun**gs**stücke schenkst.

43 Kennst du dieses Spiel?

Vorübung:

Das Kinn, ein Kinnhaken; beginnen, der Beginn; etwas einklemmen, das Einklemmen, beim Einklemmen; der übergebende und der übernehmende Spieler; der Kreis, kreisen, kreisrund; das Spiel spielen, ein Geschicklichkeitsspiel; sich ergötzen, ergötzlich; die Verrenkung, sich einen Arm verrenken; die Situation.

Ansage:

Alle Spieler bilden stehend einen engen Kreis. Ein Ball wird vom beginnenden Spieler zwischen **Kinn** und Brust eingeklemmt. Dieser Spieler hat nun den Ball an den links von ihm stehenden Spieler weiterzugeben, der den Ball ebenfalls durch Einklemmen zwischen **Kinn** und Brust übernimmt. Dabei darf weder der übergebende noch der übernehmende Spieler die Hände zu Hilfe nehmen. So wandert der Ball von Spieler zu Spieler, bis der Kreis geschlossen ist. Dann wird die Richtung gewechselt, der Ball wird also dem rechten Nachbarn übergeben.
Bei diesem lustigen **Geschicklichkeitsspiel** ergeben sich die ergötzlichsten Verrenkungen des Körpers und viele andere heitere **Situationen**. Wer den Ball fallen lässt oder die Hände zu Hilfe nimmt, gibt ein Pfand oder macht zwanzig Kniebeugen!

44 Der Knappe an der Rittertafel

Vorübung:

Die **T**ugen**d**, **t**ugen**d**haft; der Kna**pp**e, das Ben**eh**men des Kna**pp**en; schma**tz**en, si**tz**en, schna**lz**en; das Sal**z**, sal**z**ig; **ess**en, das E**ss**en, beim E**ss**en; der **T**rank, **t**rinken, ein **T**rinker; rü**lp**sen, ein **Rülp**ser; etwas hinunterschlu**ck**en, er hat das **Ess**en rasch hinuntergeschlu**ck**t; sich schn**äuz**en, das Schn**äuz**tuch.

Ansage:

Eine wichtige **T**ugen**d**, welche die höfische **Z**ucht insbesondere von dem angehen**d**en Ri**tt**er verlangte, war das **B**en**eh**men bei Tisch. Der junge Kna**pp**e mu**ss**te folgende Tischregeln behe**rr**schen: Du sollst dich nicht über den Tisch legen, nicht kru**mm** dasi**tz**en, dich nicht auf die E**ll**bogen stü**tz**en, bei Tisch nicht den Gürtel aufschna**ll**en, nicht das Brot beim **S**chneiden an die Brust ste**mm**en, nicht mit den Fingern in Sal**z** oder in die Schü**ss**el greifen, nicht trinken, be**v**or du das E**ss**en hinuntergeschluckt ha**st**, nicht in den **Trank** blasen, nicht mit der Zunge schnal**z**en, nicht schma**tz**en und rü**lps**en, nicht in das Tischtuch schn**äuz**en . . .!

45 Puppen kannten schon die Ägypter

Vorübung:

Christus, Christi Geburt; der Chinese, die Chinesinnen; Ägypten, ägyptisch; erzählen, die Erzählung; das Grab, viele Gräber; das Gewand, die Gewänder tragen, sie trägt schöne Gewänder; das Band, lange Bänder; abbilden, eine Abbildung; die Puppe, der Puppenwagen, unser Puppenspielzeug.

Ansage:

Schon für die Mädchen im alten Ägypten, viele Jahre vor Christi Geburt, waren Puppen das liebste Spielzeug.
Mit Puppen spielten und spielen die Kinder der Neger, die kleinen Chinesinnen, die Töchter des Indianerhäuptlings wie die Mädchen bei uns zu Haus. Puppen aus alten Gräbern erzählen vom Aussehen der Menschen und ihrer Kleidung aus längst vergangenen Zeiten. Sie alle sind getreue Abbilder von Tracht, Mode und Lebensweise jener Menschen, die sie herstellten, an ihnen Freude fanden und mit ihnen spielten.
Die Puppen unserer Großeltern trugen Gewänder mit Bändern und Spitzen, wie sie damals Mode waren. Unser Puppenspielzeug von heute trägt dagegen unsere Kleider. So war es zu allen Zeiten. Wenn später einmal die Rumpelkammern aus unseren Tagen durchstöbert werden, wird man gewiss auch Puppen darin finden, die einen Weltraumanzug tragen.

46 Ein Kindertag

Vorübung:

Die **Bee**ren, Stachelb**ee**ren, Himb**ee**ren, Heidelb**ee**ren; die Sta**dt**, die Großsta**dt**, die stä**dt**ische Straßenb**ah**n; **g**rün, das **h**elle **G**rün, **h**ellgrün; die **B**ru**nn**enkre**ss**e (eine Pflanze), das B**ee**t, ein Blumenb**ee**t, ein Gemüseb**ee**t; das H**ee**r der B**ie**nen, verh**ee**ren**d**; l**ee**re Flaschen, etwas ausl**ee**ren; sich schau**k**eln, ein Schau**k**elstuhl; hin und her stoßen.

Ansage:

Es ist lange h**e**r, da**ss** wir in der kleinen Sta**dt** w**oh**nten und in dem l**ee**ren G**ä**rtchen spielten, das man uns Kindern überla**ss**en hatte, weil es so winzig und sch**ä**big war und weil au**ß**er zwei kleinen Birkenb**äu**men und Stachelb**ee**rstr**äu**chern nichts mehr in ihm wu**chs**. Es ist schon so lange her, da**ss** ich fast alles aus jener Zeit verge**ss**en habe. We**nn** ich mich jedoch zurückeri**nn**ere, sehe ich den Garten vor mir, das he**ll**e **G**rün der Birkenzweige und das große, schön geschwungene **M** aus Bru**nn**enkre**ss**e auf meine**m** eigenen B**ee**t, um das ein H**ee**r von B**ie**nen schwärmte. Ich sehe meine Schwester, die auf eine**m** Schau**k**elst**uh**l si**tzt** und sich ein wenig hin und her st**öß**t und mit ihren Abs**ä**tzen die Erde aufha**ck**t. Ich sehe meinen kleinen Bruder, der im San**d**kasten hockt und mit einem zerbrochenen Hufeisen in dem gelben San**d** herumstochert.

(Nach Marie Luise Kaschnitz)

47 Nimm Rücksicht im Straßenverkehr!

Vorübung:

Der Traum, manche Träume, etwas träumen; ich weiß, dass . . ., ich meine, dass . . ., ich glaube, dass . . ., er hofft, dass . . ., sie ist überzeugt, dass . . . (dass = Bindewort); das Mädchen, das . . ., das Haus, das . . ., das Gefühl, das . . . (das = Artikel oder Fürwort); auf ihn Rücksicht nehmen, das Rücksichtnehmen, die Rücksichtnahme; der eine, der andere.

Ansage:

Ich träume manchmal davon, dass die Kraftfahrer aufeinander Rücksicht nehmen, dass sie an die Fußgänger denken, dass sie – ja, dass sie eigentlich nur an andere denken und nicht überlegen, wie sie am schnellsten weiterkommen. Ich träume manchmal davon, dass die Radfahrer auf den Radfahrwegen oder auf der rechten Straßenseite und nicht auf dem Gehsteig fahren und dass keine Kunststückchen vollbracht werden. Ich träume manchmal davon, dass die Fußgänger aufeinander Rücksicht nehmen und dass sie auf der Straße aufmerksam sind. In diesem Traum haben alle Menschen zufriedene Gesichter. Und keinem ist es unbequem, wenn er auf den anderen Rücksicht zu nehmen hat.
Du lachst? Du meinst, das sei ein Wunschtraum? Ich glaube das gar nicht. Es kann nicht jeder das tun, was er will. Mit dem Rücksichtnehmen, zum Beispiel, braucht man nicht erst zu warten, bis der andere damit anfängt. Das kann man selbst beginnen. Und Rücksichtnehmen hat nichts damit zu tun, ob jemand mit dem Auto fährt oder ob er zu Fuß geht.

48 Wolkenkratzer in Amerika

Vorübung:

Der Wol**k**enkra**tz**er im H**äu**serm**ee**r; Hochh**äu**ser; die Sta**dt**, die **a**merikanischen St**ädt**e, stä**dt**isch; übe**rr**agen, übe**rr**agen**d**; eine beträchtliche Höhe; die Fahrst**üh**le; es ist so, da**ss** . . ., sie sorgen dafür, da**ss** . . . (da**ss** = Bindewort); da**s** (dieses) lä**ss**t sich nicht so einfach sagen, da**s** (dieses) ist eine andere Frage (da**s** = Fürwort).

Ansage:

Amerika baute als erstes Land Wolkenkra**tz**er. Da**s** sind turm**äh**nliche Geb**äu**de, die das H**äu**serm**ee**r der Stä**dt**e bis zu 380 Meter übe**rr**agen. Da**s** ist eine betr**ä**chtliche Höhe(,) und man verst**eh**t, da**ss** dieser N**a**me zutre**ff**end ist.
Die Hochh**äu**ser sind zumeist für die Gesch**ä**ftsr**äu**me eingerichtet und so gebaut, da**ss** die obersten Stockwerke ebenso geräumig wie die unteren sind.
Da**ss** es Wolkenkra**tz**er mit 50 Sto**ck**werken gibt, will uns kaum glaubhaft erscheinen. Dabei braucht niemand zu befürchten(,) etwa viele Tre**pp**en steigen zu mü**ss**en. F**ah**rst**üh**le sorgen dafür, da**ss** man be**qu**em und schne**ll** nach oben und unten ko**mm**t. Da**ss** die Wolkenkra**tz**er gerade in den Hauptgesch**ä**f**ts**straßen z**ah**lreich sind, ist leicht erkl**ä**rlich. Der Grund ist hier n**ä**mlich so teuer, da**ss** man eben in die Höhe bauen mu**ss**te. Ob da**s** i**mm**er schön auss**ieh**t, da**s** ist eine andere Frage; aber da**ss** diese Bauweise **pr**a**k**tisch ist, da**s** lä**ss**t sich nicht leugnen(,) und da**s** ist in Amerika die Hauptsache.

49 Im Eis der Arktis

Vorübung:

Eine Expedition, das Expeditionsschiff; das Eis, die Last des Eises, das Eismeer, tausend, tausendfältig; das Wasser, Unterwasserbänke; groß, der Mast, der Großmast; die Ader, das Äderchen, das Geäder; anders, ändern, verändert, die Veränderung; regelmäßig; eine Eisbarre, der Barren.

Ansage:

Langsam, fast ein wenig vorsichtig, schiebt sich unser **Expeditionsschiff** hinein in den Eisgürtel. Nur noch schwer und ganz tief atmet das Meer unter der ungeheuren Macht und Last des Eises. Eine einzige Wirrnis von großen und kleinen Brocken und Feldern umgibt uns. Unwahrscheinlich blau leuchtet es aus den Eishügeln, die sich irgendwo unter mächtigem Druck angehäuft haben. Hellgrün schimmern die Schollen unter dem kristallklaren Wasser. Gerade diese Unterwasserbänke mit ihren oft scharf gezackten Rändern mahnen uns immer wieder zur Vorsicht.
Ich klettere hinauf zur weißen Tonne oben im Großmast. Aus dieser Vogelschau erkenne ich erst, weshalb man mit einer so winzigen Nussschale in diesem Eisstrom überhaupt fahren kann. So weit ich mit meinem Feldstecher zu schauen vermag, ist das blanke, schimmernde Eis ganz willkürlich aufgespalten in ein unregelmäßiges Geäder von Rinnen, ein tausendfältig geädertes Netzwerk, das sich immer wieder verändert. In diesen offenen Fahrrinnen muss sich unser Eismeerkutter bewegen(,) um die etwa 250 Kilometer breite Eisbarre zu überwinden.

50 Ernas Puppe

Vorübung:

Das Mo**ped**, ein Mo**pedfah**rer; der Schu**pp**en; ta**pp**en, die Tre**pp**e hinaufta**pp**en; eine Pa**pp**schachtel schle**pp**en; durch die W**oh**nung **trip**peln; die Ka**pp**e abn**eh**men; den Te**pp**ich sch**o**nen; die Pu**pp**e h**o**len; den De**ck**el zukla**pp**en; umherkra**bb**eln, die Kra**bb**e; den Boden schru**bb**en (abrei**b**en); de**nn**och.

Ansage:

Der Vater hatte sein Mo**p**ed in den Schu**pp**en gestellt und ta**pp**te die unbeleuchtete Tre**pp**e zur W**oh**nung hinauf. Unter dem Arm schle**pp**te er eine große Pa**pp**schachtel. Als er die W**oh**nung betrat, tri**pp**elte ihm gleich sein zweij**äh**riges Töchterchen Erna mit einem angekna**bb**erten Ke**k**s in der Hand entgegen und berichtete pla**p**-**p**ernd von den **B**egebenheiten des Tages. Der **V**ater stellte die Pa**pp**schachtel behutsam auf den frisch geschru**bb**ten Boden und legte den Regenmantel und die Ka**pp**e ab. Inzwischen za**pp**elte Erna ungeduldig um ihn herum. Sie wollte wi**ss**en, was in der Schachtel sei. Endlich kla**pp**te der Vater den De**ck**el zurück und holte eine gro**ß**e Pu**pp**e mit roten Li**pp**en und schwarzen H**aa**ren daraus her**v**or. Sie war fast so gro**ß** wie Erna. De**nn**och schle**pp**te diese ihre neue Spielgef**äh**rtin sofort ins Wohnzi**mm**er und zeigte sie ihrem kleinen Bruder, der auf dem Te**pp**ich umherkra**bb**elte. Eine solche Pu**pp**e hatte sich Erna schon immer gewünscht.

51 Daheim ist es am schönsten

Vorübung:

Die L**eu**te, l**eu**tselig sein; das Geb**äu**de, der Bau; der Zaun, viele Z**äu**ne, Gartenz**äu**ne; das Haus, manche H**äu**ser; Glo**ck**en l**äu**ten laut, das Gel**äu**te der Glo**ck**en; Zeitungen **v**erkaufen, der Zeitungsverk**äu**fer, die **V**erk**äu**feri**n**, zwei **V**erk**äu**feri**nn**en; das Fr**äu**lein, die Frau; blau, bl**äu**lich; gr**äu**lich (scheußlich), die Gr**äu**eltaten.

Ansage:

Ich freue mich, da**ss** ich nun wieder daheim bin. Hier sprechen die L**eu**te meine Mun**d**art. Die vertr**äu**mten Stra**ß**en und Pl**ätz**e, die kleinen H**äu**ser hinter den Gartenz**äu**nen und da**s** gro**ß**e Geb**äu**de unseres Rathauses mit de**m** bl**äu**lich schi**mm**ernden Turm – die**s** a**ll**es ist mir l**ie**b und vertraut.
Wenn ich am Morgen zur Schule gehe, l**äu**ten die **G**lo**ck**en der na**h**en Kirche. Ich tre**ff**e v**ie**le Beka**nn**te, grü**ß**e den Zeitungs**v**erk**äu**fer an der E**ck**e und den Briefträger, den alten Stra**ß**enk**eh**rer und das Fr**äu**lein Inge, die Fr**eu**ndin meiner Schwester.
In der Schule sitze ich h**eu**er neben Fritz. Ho**ff**entlich werden wir uns **v**ertragen. Voriges Jahr haben wir einander einmal ganz gr**äu**lich verbl**äu**t. Wir lernen jetzt **vie**l von alten Zeiten und fremden Ländern, erfahren manches N**eu**e über Pflan**z**en und T**ie**re und le**s**en von den Abent**eu**ern Robinsons.

52 Die Türen gehen auf

Vorübung:

Die Sta**dt**, stä**dt**isch, eine Kleinsta**dt**; geö**ff**net, o**ff**en; Türen schl**ieß**en, sie schl**ieß**t die Tür, hat sie geschlo**ss**en; die **Uh**r, eine Turm**uh**r, die Armband**uh**r, es ist acht **Uh**r; **k**rachen, krachen**d**, lachen, lachen**d**, spielen, spielen**d**; ho**ff**en**t**lich rechtzeiti**g** eintre**f**-**f**en; we**nn** es regnet, we**nn** er kommt, we**nn** sie krank ist; an we**n** denkst du?

Ansage:

Zu keiner Tageszeit werden in einer Sta**dt** so **v**iele Türen geö**ff**net und geschlo**ss**en wie an jede**m** Werktagmorgen zwischen sechs und acht **Uh**r. Alle haben es eilig. Die Türen i**nn**erhalb der W**oh**nungen bleiben meist einen Spalt o**ff**en, aber die Haustüren fa**ll**en krachen**d** ins Schlo**ss**. Und wa**nn** schlie**ß**t schon eine Schultür leise? Höchstens da**nn**, we**nn** man zwei Minuten nach acht Uhr eintri**ff**t und ein schlechtes Gewi**ss**en hat: . . . Ho**ff**entlich ist „er“ noch nicht drin! Daheim wird’s ruhig. Wer bleibt im Haus zurü**ck**? Die Kra**nnk**en und die alten Leute, die Kinder; alle jene, die nicht mehr oder noch nicht am ö**ff**entlichen Leben der Sta**dt** mitscha**ff**en. Es gibt böse Zeiten, wo auch arbeitswi**ll**ige Mä**nn**er aus dem **Erwerbsleben** ausgeschaltet sind, we**nn** die Betr**ie**be ihre Arbeiter und Angeste**ll**ten entla**ss**en mü**ss**en, weil es für sie keine Arbeit mehr gibt. Da**nn** ko**mm**t eine gro**ß**e Schla**ff**heit über die Sta**dt**(,) und es ist schli**mm**, da**ss** **m**orgens **n**iemand mehr in Eile die Türen zuschlägt.

53 Die Schöpfung

Vorübung:

Die Bibel, eine Bibelausgabe, der Bibelforscher, hier liegt die Bibel; wir und ihr; die Tiere, ein Tiergarten; riesige Zeiträume; in der Vorzeit, vorzeiten; messen, ich messe, du misst, unermesslich; die Schöpfung, Schöpfungstage; die Million, ein Millionstel.

Ansage:

Wie und wo hat wohl das Leben auf unserer Erde begonnen?
Dazu müssen wir uns in die fernsten Vorzeiten versetzen.
Die Bibel berichtet, wie Gott in sechs Schöpfungstagen die Welt mit Licht und Dunkel, Wasser und Land, Pflanzen und Tieren und den Menschen erschuf. Was Gott wunderbar erschaffen hat, liegt wie ein unermessliches Bilderbuch vor uns.
Wir schauen hinein und versuchen, mit unserem Verstand Seite um Seite zu durchforschen.
Da finden wir denn, dass das, was uns die Bibel von der Erschaffung der Welt verkündet, von unserem Verstand wiederentdeckt werden kann. Wir dürfen uns aber die Schöpfungstage, von denen die Bibel spricht, nicht wie gewöhnliche Tage vorstellen. Die Schöpfungstage des ewigen Gottes sind nach unserer menschlichen Zeitrechnung riesige **Zeiträume** von Millionen von Jahren.

54 Krebse sind wehrhafte Tiere

Vorübung:

Der Kre**bs** ist w**eh**rhaft, sich w**eh**ren, das Gew**eh**r; der **P**an**z**er, die **P**an**z**erung; l**ee**r, etwas ausl**ee**ren, das l**ee**re Geh**äu**se der Schne**ck**e; ein **Paa**r (zwei zusammengehörige) Handschuhe, sie sind ein **Paa**r, drei Vorderbeinp**aa**re; die Sch**e**re, zwei Sch**e**ren; die **See** (= M**ee**r), eine S**ee**rose; kra**bb**eln, die Kra**bb**e; sich schü**tz**en, der Schu**tz**, ungeschü**tzt** sein.

Ansage:

Die Kre**b**se z**äh**len gewi**ss** zu den w**eh**rhaften T**ie**ren in der Unterwa**ss**erwelt. Einigen f**eh**lt je**d**och die Pan**z**erung an ihre**m** Hinter**leib**. Sie ver**b**ergen **ih**n deshal**b** im l**ee**ren Geh**äu**se einer Schne**ck**e. Nur der Kopf, die Brust und drei **V**order**bein****paa**re sowie die kräftigen Sch**e**ren schauen her**v**or. Zu d**ie**sen Kre**b**stieren gehört auch der Eins**ie**dlerkre**b**s. Da er sein Schne**ck**enhaus nur ge**b**orgt hat, w**ä**chst dieses nicht mit. Von Zeit zu Zeit mu**ss** sich daher der wa**chs**ende Einsie**d**lerkre**b**s nach einem grö**ß**eren Haus umsehen.
Zu seine**m** Schu**tz** **hä**lt sich der Einsiedlerkre**b**s oft noch einen beson**d**eren Wächter: Er ver**pf**lan**z**t eine **See**rose auf sein Schne**ck**enhaus. Diese T**ie**re lassen sich die **V**er**pf**lan**z**ung gerne gefa**ll**en, denn mit dem kra**bb**elnden Einsiedlerkre**b**s kommen sie doch etwas herum und le**b**en o**b**endrein gut von den **A**b**fä**llen, die von den **Mah**lzeiten des Kre**b**ses übrig **b**lei**b**en. Als Gegenleistung verste**h**en sie es, andere T**ie**re, die dem Kre**b**s gef**äh**rlich werden könnten, mit ihren Fangarmen zu **p**acken und ihn so vor r**äu**berischen **A**ngri**ff**en zu schü**tz**en.

55 Rund um den Neusiedler See

Vorübung:

Die Pu**sz**ta in der **U**ngarischen **Tie**febene; das **u**ngarische **V**olk; der **See**, der Neusiedler **See**; ein Ste**pp**en**see**, das M**ee**r der W**ie**ner; Europa, Mi**tt**eleuropa; der le**tzt**e Re**s**t, zule**tzt**; das **Qu**adrat, ein **Qu**adratk**i**lometer; die **T**emp**e**ratur, 30 Gra**d** Celsius; der Schilfgürtel; ein S**ä**belschn**ä**bler, der Lö**ff**elrei**h**er; der Kam**i**n, das Kam**i**ntürl.

Ansage:

Wo die Pu**sz**ta, das rie**s**ige Gra**s**land der **U**ngarischen **Tie**febene, anfängt, liegt der Neusiedler **See**, ein **S**te**pp**en**see** im **H**erzen Mitteleuropas, der le**tzt**e Rest eines einst gewaltigen M**ee**res. Und nun das **S**onderbare: Dieser 350 **Qu**adratkilom**e**ter große **See** ist an keiner Ste**ll**e v**ie**l m**eh**r als 1,50 Meter tief. Das Wa**ss**er erreicht daher im So**mm**er eine Temp**e**ratur von 28 bis 30 Grad **Celsius**. Die Ufer des S**ee**s sind **kilometerweit** mit einem breiten **Schilfgürtel** umgeben, in welche**m** viele seltene **V**ögel ihre Schlupfwinkel finden: S**ä**belschn**ä**bler, Regenpfeifer, Sichler, Silber- und Lö**ff**elrei**h**er – und vor a**ll**em Störche. Letztere ni**s**ten auch mit **V**orliebe auf den Kam**i**nen der H**äu**ser der umliegen**d**en Dörfer. Besonders beka**nn**t dafür ist der Weinort Rust. Der Neus**ie**dler **See** wird auch als „**Mee**r der Wiener“ bezeichnet, de**nn** hier finden die naturhungrigen Großst**ädt**er **E**rhol**ung** im und am Wa**ss**er.

56 Fahrerflucht

Vorübung:

Der Verkehr, ein Verkehrsunfall; sich so verhalten, das Verhalten, sein Verhalten; der Versuch, etwas versuchen; ein Vergehen; etwas verlieren, das Verlieren, der Verlust; die Nerven, nervös sein; die **Courage** (Mut), die Zivil**courage**; ein Vergehen **ah**nden (bestrafen).

Ansage:

„Wer nach einem Verkehrsunfall flieht, obwohl sein Verhalten zu dem Unfall geführt hat, wird mit Gefängnis bis zu zwei Jahren, mit Haft oder mit einer Geldstrafe bestraft."
So bestimmt es das Strafgesetzbuch.
Nach demselben Gesetz ist allein schon der Versuch zur Flucht nach einem Verkehrsunfall strafbar.
Und weiter heißt es, dass in besonders schweren Fällen die Gefängnisstrafe nicht unter sechs Monaten ausfallen darf.
Fahrerflucht nach einem Unfall ist ein Vergehen, das leider vielfach vorkommt und deshalb immer wieder zu ahnden sein wird.
Mangelnde **Zivilcourage**, die Angst vor der drohenden Bestrafung, das plötzliche Verlieren der Ruhe entschuldigen nicht eine **Handlungsweise**, die jedem Menschen als niedrig und **verabscheuungswürdig** erscheinen müsste. Selbst wenn der an dem Unfall Schuldlose das Weite sucht, sei es, weil er die Nerven verloren hat, sei es, weil er **Unannehmlichkeiten** scheut, setzt er sich dem Verdacht der Fahrerflucht aus.

57 Straßenverkehrsgesetze

Vorübung:

Die Straße, der Straßenverkehr, Straßenverk**eh**rsgese**tz**e; der Fußg**ä**nger, die Füße; stoßen, er stößt, der Stoß; wi**ss**en, ich weiß es, ich wu**ss**te es; ich weiß, da**ss** . . ., hoffe, da**ss** . . ., glaube, da**ss** . . ., bin überzeugt, da**s**s . . .; da**s** Mädchen, da**s** . . ., da**s** Haus, da**s** . . ., das Gesetz, das . . .; der **Egoist** (eigensüchtiger Mensch), **egoistisch** handeln; rü**ck**sich**ts**los, eine Rü**ck**sich**ts**losi**gk**eit.

Ansage:

Ist es dir nicht auch schon so ergangen, da**ss** du dich vor einem rü**ck**sichtslosen Kraftf**ah**rer retten musstest? Hast du nicht auch schon einmal von einem anderen Fußgänger einen Sto**ß** in die Ri**p**-**p**en beko**mm**en, weil er es eilig hatte und nur an sich dachte? Oder ist dir da**s** noch nie pa**ss**iert? Die Menschen wi**ss**en natürlich ganz genau, da**ss** es Mitbürger gibt, die immer nur an sich denken. Aber mit solchen **Egoisten** kann man nicht angen**eh**m zusa**mm**enleben. Was haben die Menschen also getan(,) um sicherzustellen, da**ss** die Stra**ß**e für alle da ist und da**ss** keiner den anderen behindern darf? Sie haben sich besondere Ges**etz**e, Straßenverk**eh**rsgese**tz**e, geschaffen. Jeder von uns hat da**s** **g**leiche Recht, jeder von uns hat aber auch gleiche Pflichten übertragen beko**mm**en. Unser Straßenver-k**eh**rsgese**tz** will, da**ss** die Stra**ß**e für uns alle da ist. Und wer dieses Gesetz, da**s** uns a**ll**e schü**tz**en wi**ll**, nicht befolgt, wird verwarnt oder bestraft. Damit die Gese**tz**e eingehalten werden, gibt es eine Poli**z**ei, die darauf zu achten hat, da**ss** jeder die gleichen **R**echte hat, da**ss** jeder aber auch den gleichen Pflichten nachko**mm**t.

58 Der Durst wird nicht allein mit Wasser gelöscht

Vorübung:

Das Wasser, der Wasservo**rr**at, etwas vo**rrä**tig haben; gering, etwas **verr**ingern; nicht im **m**indesten; sich anschla**bb**ern (antrinken); das M**ah**l, die M**ah**lzeit, M**eh**l m**ah**len; der Flei**ß**, flei**ß**ig sein; ich gehe nicht fort, de**nn** . . . (Bindewort); der Schwei**ß**, schwi**tz**en, der Schwei**ß** beraubt de**n** Körper (ihn) des Sal**z**gehaltes.

Ansage:

Wenn man in der W**ä**rme von Durst ge**p**lagt wird, ni**mm**t man es für gegeben hin, da**ss** der Körper nach Wa**ss**er verlangt. Doch das ka**nn** den Wa**ss**ervo**rr**at ve**rr**ingern(,) ohne im **M**indesten zu helfen. An einem richtig hei**ß**en Tag in den Tro**p**en kann man sich mit lauwarme**m** Wasser anschla**bb**ern bis man es oben im Hals st**eh**en spürt und tro**tz**dem durstig bleiben. Da braucht der Körper n**ä**mlich nicht **F**euchtig**keit**, sondern we**s**entlich m**eh**r Sal**z**. Die M**ah**lzeiten an Bord enthielten deshalb auch Sal**z**table**tt**en zum flei**ß**igen Gebrauch an besonders warmen Tagen, de**nn** der Schwei**ß** beraubt de**n** Körper des Sal**z**gehaltes. Wir erlebten solche Tage, we**nn** sich der Wind legte und die Sonne ungehindert auf das De**ck** hern**ie**derbra**nn**te. Selbst we**nn** wir da so viel tranken, da**ss** es uns im Bauche förmlich glu**ck**erte, der Hals **v**erlangte heimtü**ck**isch immer noch mehr.

(Nach Thor Heyerdahl)

59 Das Haus in der Steiermark

Vorübung:

Der Smara**gd** (ein grüner Edelstein), smara**gd**ene Almen; die Steiermar**k**, das **s**teirische Bauernhaus; die Sch**eu**ne, St**ä**lle und Sch**eu**nen; **s**chmu**ck** (hübsch) aussehen, der **S**chmu**ck**, sich schmü**ck**en; der Sto**ck**; ein Haus aufsto**ck**en, das Sto**ck**werk, sto**ck**hoch, ein Blumensto**ck**, ein Spa**z**iersto**ck**; der So**ck**el.

Ansage:

Die Steiermar**k** heißt auch die grüne Mark, de**nn** es sind die Berge mit dem festen Mantel ihrer W**ä**lder und die **smaragdenen** Almen und Wiesen, denen sie diesen N**a**men verdankt. Es ist ein altes Bauernland, in dem wir hier sind. So hoch der Boden nur etwas tr**ä**gt, haben auch Bauern ihre Sitze. Das **s**teirische Bauernhaus hat seine besondere Form. Es vereinigt nicht, wie die Einzelhöfe anderw**är**ts, auch die R**äu**mlich**kei**ten unter seinem Dach, die der Wirtschaft zu dienen haben, sondern hier sind ihnen eigene Wände gezimmert. Der Bauer ordnet St**ä**lle und Sch**eu**nen rin**gs**herum wie es der Boden tauglich erscheinen l**äss**t(,) und so stellt sein Hof eine Gruppe grö**ß**erer und kleinerer Baulichkeiten vor. Das W**oh**nhaus, sto**ck**hoch, bli**ck**t mit dem abgeschr**ä**gten G**ie**bel, unter dem der Hol**z**gang g**eh**t, zu Tal. Die Fensterchen sind schmu**ck** von Blumenstö**ck**en. Was an dem Haus gemauert ist, oft nur sein So**ck**el, ist kalkweiß, was Hol**z** ist, ist dunkel von der Einwir**k**ung des We**tt**ers.

(Nach Max Mell)

chs, gs
direkte Rede; Beistriche

6. Schulstufe
Leistungsstufe 2

60 Der Fuchs und der Bock

Vorübung:

Der Fuchs, ein Fuchsbau; der Ziegenbock, die Hörner des Ziegenbockes; über alle Maßen (= übertrieben); blindlings, allerdings; weise (klug) sein, jemandem etwas weismachen; der Brunnen, der Brunnenrand, ein Ziehbrunnen; viel Verstand, viel verstehen, das Verständnis, selbstverständlich; nicht herauskönnen.

Ansage:

Der Fuchs war in einen Brunnen gefallen und schon ganz verzweifelt, weil er nicht wusste, wie er sich retten könnte. Da schaute ein durstiger Ziegenbock über den Brunnenrand und fragte, ob das Wasser gut sei. Der Fuchs, gleich wieder frohen Muts, lobte es über alle Maßen und redete dem Bock zu(,) herunterzukommen. Blindlings sprang der Bock hinab. Als er aber seinen Durst gelöscht hatte, suchte er vergeblich nach einem Rückweg. Nun, sagte der Fuchs, er wisse allerdings, wie sie herauskämen. „Stemm deine Vorderbeine gegen die Mauer und beuge die Hörner vor, dann werde ich unter deinem Leib hinaufspringen(,) und du kannst dich auf meinen Rücken setzen.“ Der Bock ließ sich das weismachen, der Fuchs sprang ihm auf den Rücken und dann auf die Hörner und war nun geschwind auf dem Brunnenrand. Als er davonlaufen wollte, machte ihm der Bock Vorwürfe, dass er ihn betrogen habe. Da verlachte ihn der Fuchs und sagte: „Du Dummkopf, hättest du so viel Verstand wie Haare im Bart, so wärst du nicht hineingestiegen(,) ohne vorher zu überlegen, wie du wieder herauskannst.“

61 Ratschläge für Radfahrer

Vorübung:

Die Verordnung, die Vorschrift; der Radfahrer, Rad fahren, ich fuhr Rad; sich irren, der Irrtum; das Pedal, mit den Pedalen; sperrige Gegenstände; ein Haken, einhaken; nämlich (von „Name“); drehen, er drehte sich, die Drehung; einfallen, da fällt mir ein, dass . . .; auf Höflichkeit vergessen; sie missachten; der eine und der andere.

Ansage:

Durch eine Verordnung wurde bestimmt, dass die Lenker von einbiegenden Fahrzeugen besondere Rücksicht auf die Fußgänger nehmen und im Notfall sogar anhalten müssen. Diese Vorschrift gilt auch für den Radfahrer. Wer sie übertritt, kann bestraft werden. Es ist auch ein Irrtum, wenn manche Radfahrer glauben, sie dürften mit hochgezogenen Beinen durch die Regenpfützen sausen und die Fußgänger bespritzen. Verboten ist nämlich(,) die Füße von den Pedalen zu nehmen. Besondere Vorsicht und Rücksicht muss man auch walten lassen, wenn man als Radfahrer sperrige Gegenstände, das sind Leitern, Stangen und Haken, trägt. Oft denkt man gar nicht daran, dass schon bei einer kleinen Drehung andere belästigt, wenn nicht gar verletzt werden können. Hier sollte man besonders vorsichtig und rücksichtsvoll sein.
Wenn wir all dies überdenken, so fällt uns gewiss ein, dass wir oft selbst die nötige Rücksicht und Höflichkeit vergessen oder missachten. Darum denkt daran: Rücksicht gegenüber anderen, besonders im Straßenverkehr!

62 Ein Flugzeug startet

Vorübung:

Das Gas, der Gashebel; starten, die Startbahn; der Mittag, die Mittagssonne, mittags, heute Mittag; eine Bö, die Böen (leichte Winde); das Telefon (Telephon), Telefondrähte; der Instinkt, instinktiv; die Maske, eine Gesichtsmaske; herunterreißen, heruntergerissen; parieren (abwehren); die Anschnallgurten.

Ansage:

Start. Langsam schiebe ich den Gashebel nach vorn. Der Motor donnert im Vollgas, das Flugzeug springt über die Startbahn. Der Flug beginnt, beginnt schlecht! Die Mittagssonne strahlt über dem Flugplatz und schickt Böen. Kaum habe ich den Boden verlassen, da beginnt der Vogel zu springen. Vor mir eine Baumreihe, Telefondrähte, Dächer. Mitten im Rasen bin ich plötzlich blind. „Baumreihe, Telefondrähte, Dächer", hämmert es mechanisch in meinem Hirn. Die Böen stürzen sich wie bissige Hunde auf den Vogel. Ich muss kämpfen(,) um Herr der Lage zu sein. **Instinktiv** ziehe ich den Steuerknüppel zurück(,) um aus der gefährlichen Erdnähe zu kommen. Dann erst kommen die Gedanken: „Deine Brille ist beschlagen!" Mit der linken Hand versuche ich(,) die Gesichtsmaske herunterzureißen, mit der rechten werden Böen **pariert**. Immer werde ich vom Sitz hochgeschleudert, dass der Körper an den Anschnallgurten reißt, dann wieder drücken mich unsichtbare Kräfte in die Maschine zurück. Und die Maske will nicht herunter.
Als ich wieder sehen kann, bin ich tausend Meter hoch.

(Werner von Langsdorf)

63 Jeder Schwimmer sollte ein Rettungsschwimmer sein

Vorübung:

Der „**n**a**ss**e To**d**“; **t**ausend, **T**ausende/tausende Menschen, **T**ausende **von** Menschen; schwi**mm**en, beim **S**chwi**mm**en, ein **S**chwi**mm**er; das Schme**tt**erlin**gs**schwi**mm**en; **V**ertrauen gewinnen, seine**m** **K**önnen **v**ertrauen; Arm- und **B**einbewegungen; lernen, das **L**ernen, der **L**ernende.

Ansage:

Immer noch werden **T**ausende Menschen Opfer des „**n**assen Todes“, nur weil sie schlechte Schwi**mm**er geblieben sind oder überhau**p**t nicht schwi**mm**en kö**nn**en. Jeder junge Mensch sollte daher **t**rachten(,) ein tüchtiger Schwi**mm**er zu werden. Beim **S**chwi**mm**enlernen gew**öh**nt man sich zuerst ans Wa**ss**er, indem ma**n** an seichten Ste**ll**en spielt. Eines Tages erlebt man dabei, da**ss** da**s** Wasser trägt, und gewi**nn**t dadurch zum Wa**ss**er **V**ertrauen. Als **V**orübung stö**ß**t sich der **L**ernende von der Wand des Schwi**mmb**e**ck**ens ab und legt sich flach auf das Wasser. Da**nn** ka**nn** er bereits mit den **A**rm- und **B**einbewegungen des Brustschwi**mm**ens begi**nn**en.
Andere Schwi**mm**arten sind das Schme**tt**erlingsschwi**mm**en, das Seitenschwi**mm**en, das Rü**ck**enschwi**mm**en. Besonders wichtig beim **S**chwi**mm**en ist die Atmung. Man mu**ss** sie an die **F**ortbewe**gung** im Wa**ss**er anpa**ss**en. Jeder Schwi**mm**er so**ll**te ein Re**ttungsschwimm**er sein.

64 Vom Sinn der Arbeit

Vorübung:

Der Erlö**s** aus der Arbeit (Lohn); d**ie**nen, das D**ie**nen, der D**ie**nst; der **e**ine, der **a**ndere, **a**nderen dienen; der Ar**zt**, der Beruf des Ar**zt**es, ein är**zt**liches Zeugni**s**; die **N**ot, ohne **N**ot, das tut **N**ot, etwas **n**ötig haben.

Ansage:

Wir Menschen tun mit der Arbeit etwas, was Go**tt** uns aufgetragen hat: **W**ir wo**ll**en uns mit ihr die Erde untertan machen. Die Erde, aber nicht den Menschen! De**m** dienen wir mit der Arbeit. Jeder von uns schafft Güter oder hilft, sie zu verteilen. So sorgt jeder von uns mit de**m** Erl**ö**s aus der Arbeit dafür, da**ss** wir selbst **oh**ne N**o**t und(,) **oh**ne anderen l**ä**stig zu fa**ll**en(,) menschenwürdig leben kö**nn**en. Wir he**rr**schen mit der Arbeit über die Natur(,) und gleichzeitig d**ie**nen wir **a**nderen und uns selbst. Das D**ie**nen wird in besti**mm**ten Berufen besonders sichtbar, zum Beispiel im Beruf des A**rz**tes. Er hilft gerade da**nn**, we**nn** ein Mensch die **H**ilfe sehr nötig hat, weil er krank oder verwundet ist. Er mu**ss**, was er tut, nur mit der **A**bsicht tun: **I**ch will helfen, so gut ich es kann. Diese Gesi**nn**ung gibt jeder Arbeit Wert, de**n** höchsten Wert für de**n**, der so denkt.

65 Unsere Mutter

Vorübung:

Die So**mm**ersprossen, spr**ieß**en; der Ate**m**, atmen; mit unbeschreiblich**em** Lärm; in **v**ielf**ä**ltiger **B**eton**ung**; eine durchstr**ö**mende Kraft.

Ansage:

Die Mu**tt**er war eine ganz kleine Frau, hatte ein rundes, wei**ß**es Gesicht und schwarzes, gla**tt** gescheiteltes H**aa**r, ein wenig So**mm**ersprossen unter den dunklen Augen und trug immer dunkle Kleider. Im Sommer band sie wohl ein wei**ß**es Tuch um die Stirne. Sobald die So**nn**e schien, li**tt** sie unter heftigen Kopfschme**rz**en. Im Winter hustete sie **v**iel. We**nn** sie eine kleine Last trug, ging ihr Ate**m** schne**ll** und heftig. Sie hatte s**ie**ben Kinder. We**nn** wir die Küche mit unbeschreibliche**m** L**ä**rm erfüllten, so kam manchmal vom Waschfa**ss** oder Kochherd lei**s**e und ruhig das Wort „Kinder". Solche durchströmen**d**e Kraft ging von Mu**tt**ers Sprache aus, da**ss** wir nicht nur geb**ä**ndigt, gehorsam, sondern auch sti**ll** und ruhig wurden. Mit dem einzigen Wort „Kinder!" in **v**ielfältiger Betonung, aber i**mm**er gütig und mil**d**, hat Mu**tt**er uns erzogen.

(Heinrich Lersch)

66 „Alte Schachteln“

Vorübung:

Der D**o**m (Kirche); die Sta**dt** Rom; geistlich, ein **G**eistlicher (Priester), ein wei**ßhaa**riger Geistlicher; **d**eutsch sprechen (wie?), etwas auf **D**eutsch (in der deutschen Sprache) sagen, er hat **D**eutsch (was? die Sprache) gelernt; **eh**rerb**ie**tig, eine **Eh**rerb**ie**tung; **S**ie (in der Anrede); der Ko**ll**ege, ko**ll**egial.

Ansage:

Da mu**ss** ich erst einmal eine hübsche Geschichte er**zäh**len, die den **V**orzug hat(,) wahr zu sein!
Eine **Gru**p**p**e **ä**lterer Damen aus Österreich wollte in R**o**m die ber**üh**mten D**o**me besichtigen. Zu ihrer F**üh**rung war ein weißh**aa**riger hoher **G**eistlicher besti**mm**t worden, der sich l**ie**benswürdig um die Besucher sorgte.
Er hatte sogar zu **ih**rer Begr**üß**ung etwas **D**eutsch gelernt; aber wie verblü**ff**t waren die Damen, als er sie fragte: „Wie viele alte **S**chachteln sein **S**ie denn?“ – **V**erlegenes **S**chweigen, dann herzhaftes Gel**ä**chter. Der gute alte Herr rief erschro**ck**en: „**Oh**, habe ich gesagt falsch?“ – Es stellte sich heraus, da**ss** er einen jungen deutschen Ko**ll**egen nach einer Anrede gefragt hatte, mit der er ältere Damen würdig **eh**ren kö**nn**e(,) und der lustige Amtsbruder hatte ihn bel**eh**rt, da**ss** die **eh**rerb**ie**tigste Anrede, die er gebrauchen könne, „alte Schachteln“ sei! – Nun, diese „alten Schachteln“ hatten Hum**o**r(,) und es wurde eine fr**öh**liche F**üh**rung.

67 Im Urwald herrscht ewige Dämmerung

Vorübung:

Der **U**r**w**ald, die **U**rzeit, **ur**tümlich; bet**ö**ren, bet**ö**rend; der Rei**z**, rei**z**vo**ll**, rei**z**en, er rei**z**te mich; die **Ab**wechsl**ung**, **a**bwechslun**gs**reich; gli**tsch**ig von moderndе**m** Lau**b**; nahe, der **Nä**chste, am **n**ächsten; die **Lia**ne, **v**iele **Lia**nen; die **K**r**o**ne des Baumes, die Baumkr**o**nen.

Ansage:

Gew**öh**nlich stellt man sich den **Ur**wald sch**ö**n bunt vor, mit vielen bet**ö**ren**d** duften**d**en Blumen, seltenen V**ö**geln und **äuß**erst rei**z**vo**ll**. Die **W**irklich**keit** sieht anders aus. So heiter und weit die Wüste und so abwe**chs**lun**gs**reich die Ste**pp**e ist, so bedrückend wirkt der **Ur**wald. Wer sich freiwi**ll**ig in seine **G**efangen**sch**aft begibt, mu**ss** einen vö**ll**ig gesunden Körper haben. Es begi**nn**t mit der **Dämm**e**rung**, ewiger **Dämm**e**rung**. Nur selten dringt ein So**nn**enstrahl bis auf den Waldb**o**den, der feucht und gli**tsch**ig ist von m**o**dernde**m** Laub. Die B**äu**me f**üh**ren einen ewigen Kampf um das Licht, um die So**nn**e. Jeder bedr**ä**ngt den **a**nderen, will dem Hi**mm**el am n**ä**chsten sein(,) um sein Bla**tt**werk entfalten zu kö**nn**en. Darum schie**ß**en die B**äu**me 40 Meter und noch h**öh**er emp**o**r. Die Kr**o**nen sind so nahe beisa**mm**en, da**ss** sie sich miteinander verflechten. **Lianen** ringeln sich um die Baumst**ä**mm**e** bis hoch hinauf und fa**ll**en da**nn** von der H**öh**e wieder herab. Di**ck**icht und Unterholz tun das **Ih**re(,) um jede Sicht zu n**eh**men.

68 Das Schmetterlingsammeln

Vorübung:

Das Schmetterlingsammeln, das Briefmarkensammeln; der Anfang, am Anfang, anfangs, anfänglich; eine Liebhaberei; die Leidenschaft, leidenschaftlich; der Morgen, vom frühen Morgen bis zur Nacht, von morgens bis abends; auf dem Falterfang sein; die **Botanik** (Pflanzenkunde), **botanisieren**, eine Botanisierbüchse.

Ansage:

Das Schmetterlingsammeln fing ich mit acht oder neun Jahren an und trieb es anfangs ohne besonderen Eifer wie andere Spiele und Liebhabereien auch. Aber im zweiten Sommer, als ich etwa zehn Jahre alt war, da nahm dieser Sport mich ganz gefangen und wurde zu einer solchen Leidenschaft, dass man ihn mir mehrmals meinte verbieten zu müssen, da ich alles andere darüber vergaß und versäumte. War ich auf dem Falterfang, dann hörte ich keine Turmuhr schlagen, sei es zur Schule oder zum Mittagessen(,) und in den Ferien war ich oft, mit einem Stück Brot in der **Botanisierbüchse**, vom frühen Morgen bis zur Nacht draußen(,) ohne zu einer ordentlichen Mahlzeit heimzukommen.

(Hermann Hesse)

69 Die Jagd auf den Hai

Vorübung:

Der H**ai**, einen H**ai** wahrn**eh**men; die Har**p**une[1], einen Fisch har**p**unieren; die **Kie**men, eine **Kie**menspalte; die Ka**m**era, der Ka**m**erama**nn**; kni**ps**en; leuchten, leuchten**d**; abtasten, abtasten**d**; mit Gewal**t**.

Ansage:

Ich habe meine Augen auf den H**ai** gerichtet. Der r**üh**rt sich nicht, er merkt nichts, er schl**ä**ft. Jörg schwi**mm**t mit kaum w**ahr**n**eh**mbaren Bewegungen an **ih**m entlang. Ich weiß genau, da**ss** er den H**ai** mit der Har**p**une[1] an der Ste**ll**e tre**ff**en wi**ll**, an der er am **v**erwun**d**barsten ist, hinter der letzten **Kie**menspalte. We**nn** er ihn dort tri**ff**t, so geht die Har**p**une geradewe**gs** in das Her**z**. Ich habe die Ka**m**era an das Gesicht gepre**ss**t, kni**ps**e und warte auf den gro**ß**en Augenbli**ck**. Es ist ein unglaubliches Bild, da**s** ich durch meinen Sucher betrachte: da**s** Raubtier, da**s** sich dunkel gegen den he**ll**en San**d** abhebt, und die leuchten**d** braune Gestalt Jörgs, der, den Fisch mit den Augen abtasten**d**, jeden Muskel gespannt, vorsichtig zum Angri**ff** heranschwi**mm**t. Jetzt en**d**lich ist er auf der **r**ichtigen **H**öhe, jetzt sticht er zu, bli**tz**schne**ll** und mit aller Gewal**t**!

(Hans Hass)

[1] Wurfspeer für den Fang von Fischen und Robben

70 Bäume und Sträucher

Vorübung:

Laub- und Nadelb**äu**me; der Bu**chs**baum; die Preiselb**ee**re, die Heidelb**ee**re; der **S**auersto**ff**.

Ansage:

B**äu**me und Str**äu**cher unterscheiden sich dadurch, da**ss** man auf B**äu**me kle**tt**ern ka**nn**, auf Str**äu**cher aber nicht. Oder nur schlecht. Beide sind Hol**z**gew**ä**chse. Beide haben einen Sta**mm**, der sich in Äste und Zweige teilt oder an de**m** **Ä**ste und Zweige wa**chs**en. Beide tragen an de**n** Zweigen Laub oder Nadeln. Die meisten Laubbäume und -sträucher werfen im Herbst die Blä**tt**er ab. Sie sind im So**mm**er grün, im Winter k**ah**l. Einige tragen lederartige Bl**ä**tter, die sie im Herbst behalten, z. B. der Bu**chs**baum, der Ef**eu**, die Stech**p**alme, die **Pre**iselb**ee**re. (Die Heidelb**ee**rsträucher verlieren ihre Bl**ä**tter.) Die Nadelhölzer werfen ihre Nadeln nach und nach ab, soda**ss**[1] sie zu keiner Zeit k**ah**l sind. Nur die L**ä**rche macht eine Ausnahme. Sie verl**ie**rt ihre Nadeln im Herbst.
Jeder Baum ist wichtig für die Menschen. Er fängt mit seiner Krone Staub aus der Luft. Er verdu**n**stet viel Wa**ss**er und macht die Luft f**eu**cht. Er erz**eu**gt, wie alle grünen Pflanzen, Sauersto**ff**, ein Gas, das wir alle zum Leben brauchen.

[1] in Deutschland: so dass (immer getrennt)!

71 Wie lang der Bremsweg ist

Vorübung:

Der **Brems**weg, **Bremsen**, das **B**remsen, eine **B**remsung, zum **B**remsen; nichts **B**esonderes, nichts **G**utes, nichts **N**eues; das **M**erkwürdige, das **S**chöne; die All**ee**, **Allee**bäume, eine Kastanienall**ee**; anhalten, beim **A**nhalten, zum **A**nhalten, das **A**nhalten.

Ansage:

Ganz plötzlich hatte der Vater gebremst und bef**rie**digt gelächelt, als der Wagen bald darauf zum **H**alten kam. Und da**nn** waren sie weitergef**ah**ren, als ob gar nichts **B**esonderes geschehen wäre! Und das war das **M**erkwürdige dabei: Rudolf hatte keinerlei Anla**ss** zum **B**remsen fe**st**s**t**e**ll**en kö**nn**en, sosehr er sich auch die Augen ausschaute! Die Straße war **v**ollko**mm**en frei, kein anderes F**ah**rzeug war vor oder hinter **ih**nen zu sehen(,) und auch ein Stein auf der Straße oder ein Loch in der Fahrb**ah**nde**ck**e wäre Rudolf sofort aufgefa**ll**en.
Aber das geheimn**is**vo**ll**e **B**remsen des **V**aters klärte sich rasch auf. „Ich habe hier in der A**llee** wie jeden Morgen, we**nn** ich meine F**ah**rt antrete, einen Bremsversuch gemacht“, erklärte **ih**m sein **V**ater. „Die Bremsen mü**ss**en doch ab und zu einmal aus**p**ro**b**iert werden, ob sie noch in Ordnung sind. Hier in dieser A**llee**, wo die Bäume genau fünf Meter voneinander entfernt sind, ist es ganz leicht festzustellen(,) wie lang die Stre**ck**e ist, die man zum **An**halten braucht!“

72 Der Tanz

Vorübung:

Der Tan**z**, tan**z**en; die Ku**n**st, ku**n**stvo**ll**; die Musi**k**, musi**k**alisch; das **Inn**ere, im **Inn**eren; der **Rhythmus, rhythmisch**; das Instru**ment**, der Ta**k**t, das Ta**k**tma**ß**.

Ansage:

Der Tan**z** ist wohl die **ä**lteste und auf jeden Fa**ll** ursprünglich**st**e Ku**n**st der **M**ensch**heit**. Er ist **ä**lter als die Musi**k**(,) und schon deshalb so**ll**ten wir uns einmal mit dieser mer**k**würdigen Ku**n**st besch**ä**ftigen. Warum tan**z**en die Menschen eigen**t**lich? Das ist keine so du**mm**e Frage. Die Menschen tan**z**en, weil sie etwas, was sie im **Inn**ern besonders bewegt, ausdrü**ck**en wollen. Und sie tun dies durch **B**ewe**gung**en des Körpers. Diese **B**ewe**gungen** sind **rhythmisch**, das heißt, sie haben ein ganz bestimmtes Ta**k**tma**ß**. Dafür brauchen wir nicht unbeding**t** Musi**k**. Es genügt, wenn unser **Begleitinstrument** unsere Hände sind. Da**nn** erst erfanden die Menschen Tro**mm**eln und Sche**ll**en, die laut schallend den **Rhythmus** bestimmten, oder sie sangen dazu. Das haben wir a**ll**e selbst noch getan, als wir Kinder waren, de**nn** unser Reigen, wie zum Beispiel „Wir sitzen unterm Ho**ll**erbusch“, wobei wir uns an den Händen fa**ss**en und im Kreis bewegen, ist auch ein einfacher Tan**z**.

73 Was packt man in einen Rucksack?

Vorübung:

Die **W**ei**s**heit, **w**eise sein; **pa**c**k**en, einen Ru**ck**sa**ck** **pack**en, etwas **v**er**p**a**ck**en; schle**pp**en, der Schle**pp**er; der **Pull**o**v**er; g**ieß**en, ein Regengu**ss**; **w**andern, das **W**andern macht hungrig, ein **W**andern im Wald; ein **P**a**k**et Schwarzbrot; die **Z**itrone; den Durst löschen; ein **paar** (einige) Eier, ein p**aa**r **Z**itronen; der Kn**äu**el.

Ansage:

Gut ge**p**a**ck**t ist halb getragen, das ist eine alte **W**anderwei**s**heit. Und wie richtig dieser Sa**tz** ist, erf**äh**rt jeder, der einmal einen schlecht ge**p**a**ck**ten Ru**ck**sa**ck** durchs Gel**ä**nde hat schle**pp**en mü**ss**en.
Begi**nn**en wir mit dem Ru**ck**sa**ck** für eine **Tageswanderung**. Zun**ä**chst holen wir alles herbei, was wir für einen Tag brauchen. Auf jeden Fa**ll** einen **Pull**o**v**er, denn fr**üh** am **M**orgen und in den späten Abendstunden kann es empfindlich k**üh**l sein. Sehr nü**tz**lich ist eine Regenhaut. Sie ist leicht, be**qu**em zu ver**p**a**ck**en und schü**tzt** vor dem **st**ärksten **R**egengu**ss**. Dann dürfen wir getrost an die **V**erpfleg**ung** denken, de**nn** **W**andern macht hungrig. Wir **p**acken ein p**aa**r gut belegte Bu**tt**erbrote ein, etwas Obst, und we**nn** wir keine fertigen Brote mitn**eh**men wo**ll**en, ein Pa**k**et Schwarzbrot, ein Stück Hartwurst. Gan**z** vortre**ff**lich bew**äh**rt hat sich eine **Z**itrone. Sie hilft(,) unterwegs **den** Durst zu löschen. Vie**ll**eicht ste**ck**en wir noch ein p**aa**r hartgekochte Eier dazu. Alles das wird in festen **B**eh**ä**ltern untergebracht. So ka**nn** nichts zerdrü**ck**t werden. Auf jeden Fa**ll** sollten wir auch **V**erban**d**zeug mitn**eh**men. Kluge Leute verge**ss**en auch nicht auf ein paar **Sicherheitsnadeln**, N**äh**zeug und einen Kn**äu**el Bin**d**faden.

74 Das Stift Melk

Vorübung:

Niederösterreich; die Benediktiner (eine Ordensgemeinschaft), das Benediktinerstift, der heilige Benedikt; das Barock, der Barockstil; Franz Munggenast, Jakob Prandtauer; die Bibliothek, ein Bibilothekar; der Architekt, die Architektur; ein großartiges Ganzes; das Grabmal, das Denkmal; die Babenberger; der Abt, die Äbtissin; Bertold Dietmayr.

Ansage:

Am rechten Ufer der Donau in Niederösterreich erhebt sich auf einem steil aufragenden Felsen das **Benediktiner**stift Melk, eines der schönsten Barockbauwerke der Welt. Es wurde nach den Plänen des Tirolers Jakob Prandtauer und seines Schülers Franz Munggenast in den Jahren 1702 bis 1736 errichtet und zeugt von der kunstvollen Bauweise vergangener Jahrhunderte.
Besonders prächtig sind die Innenräume: der Marmorsaal mit der herrlichen Deckenmalerei von Paul **Troger**, die 70 000 Bände und 1800 Handschriften umfassende Bibliothek und die Stiftskirche, in der Architektur, Malerei und Bildhauerkunst zu einem großartigen Ganzen zusammenklingen. In der Vorhalle der Kirche befindet sich auch das Grabmal der Markgrafen von Österreich aus dem Geschlecht der **Babenberger**, die das Kloster 1111 gegründet haben. Von hier aus verwalteten sie auch einige Zeit hindurch ihr Land. Die gewaltigen Geldsummen, die das Bauwerk erforderte, zog der Auftraggeber, Abt Bertold **Dietmayr**, aus dem Verkauf des klostereigenen Weines.

75 Innsbruck

Vorübung:

Die Landeshauptstadt Tirols, tirolerisch, Tiroler Loden; ewig, eine Ewigkeit nicht kommen; der Erker; eine Laube, südländisch anmutende Lauben; eine mittelalterliche Stadt, die **Maria-Theresien-Straße**; greifen, zum Greifen nahe; die Bergstation der Seilschwebebahn; bedeutend, am bedeutendsten; großartig, die Großartigkeit des Grabdenkmals; der Kaiser Maximilian I.; das Grabmal Andreas Hofers.

Ansage:

Wie für die Ewigkeit gebaut, bieten sich uns die hohen Bürgerhäuser im ältesten Teil der Tiroler Landeshauptstadt dar. Kunstvolle Erker, südländisch anmutende Lauben verstärken den Eindruck einer reichen mittelalterlichen Stadt. Unvergleichlich ist der Blick von der Maria-Theresien-Straße auf die zum Greifen nahen Gipfel der Nordkette mit den Bergstationen der Seilschwebebahn. Vielfältig sind die Zeugen einer großen Vergangenheit, als deren bedeutendste die Hofburg und die anschließende Hofkirche gelten. Beim Eintritt überwältigt uns die Großartigkeit des Grabdenkmals, das sich Kaiser Maximilian I. von führenden Künstlern seiner Zeit errichten ließ. (Er selbst ist dann allerdings in der Burgkapelle von Wiener Neustadt beigesetzt worden). Ergriffen steht der Besucher vor dem Grabmal Andreas Hofers in derselben Kirche.

76 Eine Bärin wird operiert

Vorübung:

Der **Sonn**tagnachmittag, der **M**ontagvormi**tt**ag; der Z**oo**, ein z**oo**logischer Garten (Tiergarten); die Opera**tion**, **o**per**ie**ren; der Trans**p**ort, eine Trans**p**ortkiste; das Geh**e**ge, h**e**gen und pfl**e**gen; die B**oh**len, Vorsatzb**oh**len; der Raubtierw**ä**rter.

Ansage:

An einem **Sonntagnachmittag f**iel Besuchern im Z**oo** von Hannover auf, dass ein Eisb**ä**renweibchen das Maul nicht mehr richtig aufmachen konnte. Man fand in der **Höh**le **Röh**renknochen und kleine Knöchelchen von Fingerl**ä**nge(,) und ein solcher war der B**ä**rin zwischen den Zähnen ste**ck**en geblieben. Sie ko**nn**te ihn nicht zermalmen. Man versuchte(,) den Knochen zu l**ö**sen. Mit der Hand jedoch ließ er sich nicht herausz**ieh**en. Auch mit einem eisernen Z**ah**nstocher konnte man nicht heranko**mm**en. Nach einigen **V**ersuchen war die Bärin schon so argw**öh**nisch, da**ss** sie auswich, wenn man ihr zu nahe kam. Z**ö**gern**d** lie**ß** sie sich in den **Operations**käfig treiben, der nicht grö**ß**er als eine **Transport**kiste war, aber aus festem Eisengi**tt**er bestand. Durch Vorsa**tz**b**oh**len, die zwischen das Gi**tt**er gesch**o**ben wurden, war der Raum bald so verengt, da**ss** die unwi**ll**ig bru**mm**ende B**ä**rin festlag. Der Raubt**ie**rw**ä**rter, seit mehr als drei Jahrz**eh**nten erfahren im Umgang mit B**ä**ren, nahm einen Besenst**ie**l, sch**o**b ihn der B**ä**rin ins Maul(,) und mit einem Gri**ff** war der Knochen heraus. Die ganze **Operation** hatte nicht l**ä**nger als eine Minute gedauert. Die B**ä**rin ko**nn**te das Maul wieder aufrei**ß**en und schl**ieß**en und l**ie**f, mit ihrem Schi**ck**sal vers**öh**nt, in ihr Geh**e**ge zurü**ck**.

77 Wörter aus dem Niederdeutschen

Vorübung:

Das **H**ochdeutsche, **h**ochdeutsche und **n**iederdeutsche **Dialekte**, das **N**iederdeutsche (**P**lattdeutsche); das Wa**tt**; eine R**ee**derei, die R**ee**de (Schiffsanlegeplatz); der **T**orf; der Ba**ll**ast (die Ladung); die Fla**gg**e, fla**gg**en; der Ro**gg**en; flü**gg**e werden; eine Ware ins Land schmu**g**-**g**eln, der Schmu**gg**ler; die E**bb**e und die Flut; die Kra**bb**e, kra**bb**eln; schru**bb**en (abreiben); kri**bb**eln; kna**bb**ern; der Wi**dd**er; der Pu**d**-**d**ing; das Ku**dd**elmu**dd**el (Durcheinander); pa**dd**eln, das Pa**dd**el; bu**dd**eln (im Sand wühlen).

Ansage:

Wenn auch unsere Schriftsprache im wesentlichen **H**ochdeutsch ist, so weist sie doch viele Wörter aus dem **N**iederdeutschen auf, besonders in den Ausdrücken, die sich auf das S**ee**wesen, das Leben an der Küste oder die nordeutsche Landschaft beziehen, zum Beispiel Wa**tt**, Werft, R**ee**derei, Sta**p**el, Ba**ll**ast, **T**orf, le**ck**, dra**ll**, ha**p**ern und andere. Andere pla**tt**deutsche Wörter ve**rr**aten sich schon durch die ungewöhnliche Schreibweise mit **dd**, **gg**, **bb**, zum Beispiel Fla**gg**e, Ro**gg**en, flü**gg**e, schmu**gg**eln, E**bb**e, kra**bb**eln, schru**bb**en, kri**bb**eln, kna**bb**ern, Wi**dd**er, Pu**dd**ing, Ku**dd**elmu**dd**el, pa**dd**eln, bu**dd**eln. Eine dri**tt**e Art plattdeutscher Bausteine im Schriftdeutsch sind jene niederdeutschen Wortformen, die sich neben den hochdeutschen Wörtern durchgesetzt haben: **Leh**m – Leim, D**ie**le – Flur, schla**pp** – schla**ff**, Bor**d** – Bre**tt**, **p**usten – hauchen und andere mehr.

78 Im Hamburger Hafen

Vorübung:

Das Weltmeer, das Mittelmeer; der Kran, viele Kräne; der Tabak, Tabakballen, Tabakblätter; Kohle und Koks; Zucker; die Schokolade; die Ananas (eine exotische Frucht); der Kahn, viele Kähne; der Waggon/Wagon; bugsieren (befördern), ein Bugsierschlepper.

Ansage:

Hier begegnen Festland und Weltmeer einander. Hier wird Europa begrüßt von Asien und Australien, von Afrika und Amerika. Hier tauschen alle Länder der Erde ihre Schätze aus. Hunderte von Kränen säumen das Wasser wie langhalsige Vögel, die Nahrung erbeuten. Mit Riesenarmen und eisernen Fingern fassen sie hinein in die Frachten. Maschinenteile, Pappe, Tabakballen, Felle, Düngemittel. Kohle und Koks, Flaschen, Metallplatten, Säcke mit Zucker, Roggen und Weizen, Kisten mit Schokolade, Bananenbüschel, Ananas, Autos und Baumwollballen schweben aus den Kähnen in die Schiffe, aus den Schiffen in die Kähne, werden in die Waggons der Eisenbahnzüge verladen. Bugsierschlepper eilen geschäftig hin und her(,) und wie große, schwimmende Häuser ragen Dampfer empor. Ein gewaltiges, fast berauschendes Bild!

79 Im Walde

Vorübung:

Der Pil**z**, die Pil**z**su**pp**e; herumspringen; hineingehen; zumute/zu **M**ute sein; etwas zueinander sagen; nichts **B**esonderes, etwas **B**esonderes; die **m**eisten; der **e**ine, der **a**ndere; das Bl**ä**tterger**äu**sch.

Ansage:

Einmal waren wir den gan**z**en Nachmi**tt**ag auf dem Wie**s**enland **herumgesprungen** und da**nn** in den Wald **hineingegangen**. Wir waren müd und setzten uns auf den Boden. Ein p**aa**r Fl**ie**gen su**mm**ten über einem Pil**z**(,) und allerlei Vögel flogen. **V**on denen ka**nn**ten wir einige, die **m**eisten aber nicht. Auch hörten wir einen Specht flei**ß**ig klopfen(,) und es wurde uns ganz w**oh**l und fr**oh** **zumute**, soda**ss**[1] wir fast gar nichts zueinander sagten. Nur we**nn** einer etwas **B**esonderes en**td**eckt ha**tt**e, **d**eutete er dorthin und zeigte es dem **an**dern. In de**m** überwölkten grünen Raume flo**ss** ein grünes, mildes Licht, w**äh**rend der Waldgrun**d** in der Weite sich in ahnungsvolle braune Dämmerung **v**erlor. Was sich dort hinten regte, Blä**tt**erger**äu**sch und **V**ogelschlag, das kam aus verzauberten M**ä**rchengründen her, klang mit geheimnis**voll** fremde**m** Ton und konnte viel bedeuten.

(Nach Hermann Hesse)

[1] In Deutschland: so dass (immer getrennt)!

80 Ein Schnellzug fährt vorüber

Vorübung:

Die Ba**rr**iere (Schranke); der Hori**z**ont, hori**z**ontal; **v**ibr**ie**ren, ein **V**ibr**ie**ren verspüren; der **Rhythmus**, **rhythmisch**; ein **B**rausen und **K**euchen; ze**rr**ei**ß**en, die Schnur ze**rriss**; das To**s**en und To**b**en; der **Qu**alm, **qu**almen; das heilige **S**chweigen.

Ansage:

Der W**ä**rter stand noch immer regun**gs**los an der **Barriere**. Endlich trat er einen Schri**tt** vor. Ein dunkler **P**unkt am **Horizont**, da, wo die Geleise sich trafen, vergrö**ß**erte sich. Von Sekunde zu Sekunde wachsen**d**, sch**ie**n er doch auf einer Ste**ll**e zu stehen. Plö**tz**lich bekam er **B**ewegung und näherte sich. Durch die Geleise ging ein **Vibrieren** und **S**ummen, ein **rhythmisches** Gekli**rr**, ein dumpfes Get**ö**se, das, lauter und lauter werden**d**, zule**tzt** den Hufschl**ä**gen eines heranbrausenden Reitergeschwaders nicht un**äh**nlich war. Ein **K**euchen und **B**rausen schwo**ll** sto**ß**weise fernher durch die Luft. Dann plö**tz**lich ze**rriss** die Sti**ll**e. Ein ra**s**endes **T**o**s**en und **T**o**b**en erfü**ll**te den Raum, die Geleise bogen sich, die Erde zi**tt**erte – ein starker Luftdruck – eine Wolke von Staub, Dampf und **Qu**alm, und das schwarze, schnau**b**en**d**e Unget**ü**m war **v**orüber. So, wie sie anwuchsen, starben nach und nach die Geräusche. Der Dunst verzog sich. Zum Punkte eingeschrumpft(,) schwand der Zug in die **F**erne(,) und das alte heilige **S**chweigen schlug über dem Waldwinkel zusammen.

(Gerhart Hauptmann)

81 Das Rohöl in der Zauberküche des Chemikers

Vorübung:

Das R**oh**öl, eine **ö**lige Flü**ssigk**eit; r**oh**, eine R**ohh**eit, zäh, z**äh**flü**ss**ig; die **Ch**emie, der **Ch**emiker; Autokraftsto**ff**e; das Petroleum; D**ie**sel**ö**l, Heizöl, Schmier**ö**l, Bit**u**men, N**y**lon; Gefrierschu**tz**mi**tt**el.

Ansage:

Als eine z**äh**flü**ss**ige, übelr**ie**chende und dunkle Flü**ss**igkeit kommt das R**oh**öl an die Erdoberfl**ä**che. So erhält es der **Ch**emiker. In seiner Zauberküche trennt er es in seine Bestandteile. Nach der ersten **R**einig**ung** wird das **G**emenge in **e**inzelne Stoffe gesch**ie**den. Aus dem R**oh**öl werden gewonnen: Gase, **Autokraftstoffe**, **Petroleum**, **Dieselöl**, Heizöl, Schm**ie**röl und **Bitumen** für den Straßenbau. Ein Großteil des **Petroleums** wird aber in **ch**emischen Fabr**ik**en weiterverarbeitet. Dort entstehen aus dem alten Natursto**ff** viele neue Kunststo**ff**e oder Kunstfasern, wie **Nylon**, Reinigun**gs**mi**tt**el, Gefr**ie**rschu**tz**mittel und **v**ieles mehr.

82 Hurra, die Post ist da!

Vorübung:

Die Milliarde, eine Million; etwas sortieren, das Sortieren der Poststücke; Förderbänder; Rundläufe; Wendelrutschen; der Telefon- und Telegrafenverkehr; der Zahlungsverkehr; der Postscheck, Postsparbücher; Erlagscheine; die Postsparkasse.

Ansage:

Milliarden Briefe und viele **Millionen** Pakete sind in unseren Ländern alljährlich mit Hilfe der Post unterwegs. Von der größten und schwierigsten Arbeit der Post sieht man für gewöhnlich nichts, nämlich vom Sortieren der Poststücke. In vielen Postämtern geschieht das mit der Hand, in anderen mit Maschinen. Auch für die Pakete gibt es Geräte und Maschinen, die das Sortieren erleichtern: Förderbänder, **Rundläufe**, **Wendelrutschen**.
Briefe und Pakete sind nur ein Teil der Postarbeit. Auch der Telefon- und Telegrafenverkehr mit den nötigen **Funkanlagen** gehört zur Post. Und ebenso der Geld- und Zahlungsverkehr. Er geht mit Hilfe von Postschecks, Zahlkarten oder Erlagscheinen und Postsparbüchern der **Postsparkasse** vor sich.

(Aus dem Lexikon „Werwiewas“)

83 Die Elektrizität

Vorübung:

Die Ele**k**trizit**ä**t, das Ele**k**trizit**ä**tswerk; die Ele**k**tronen, der ele**k**trische Strom; Leuchtstoffr**öh**ren; die Ba**tt**erie, eine Taschenlampenba**tt**erie; eine Ste**ck**dose.

Ansage:

In den **Elektrizitätswerken** (Kraftwerken) wird von großen Maschinen eine besondere Wirkung erzeugt. Sie heißt Spannung und bewegt unvorste**ll**bar kleine Teilchen, die **Elektronen**, durch die Drähte der **Überlandleitungen**. Die bewegten Elektr**o**nen – der **elektrische** Str**o**m – fl**ieß**en zu den Ger**ä**ten, **t**reiben Motoren, hei**z**en Öfen und bringen Glü**h**birnen und Leuchtsto**ffröh**ren zum **L**euchten. Schw**ä**cheren **e**le**k**trischen Str**o**m kann man auch aus einer Ba**tt**erie gewinnen, einem Kraftwerk im **K**leinen.
Die Naturerscheinung Elektrizit**ät** hat es schon immer gegeben. Der Blitz z. B. ist ein mächtiger ele**k**trischer Fun**k**e. Hier sind das „Ele**k**tri**z**it**ä**tswerk“ die Wolken und die Erde, zwischen denen eine gewaltige ele**k**trische Spa**nn**ung entst**eh**t. Bli**tz**schlag ist gef**äh**rlich, aber auch der Strom in der Ste**ck**d**o**se ka**nn** gef**äh**rlich sein, we**nn** man sorglos und falsch mit **ih**m umg**eh**t.

84 Armut

Vorübung:

Die **N**ot, es tut **N**ot; die En**t**wicklun**gs**l**ä**nder; zu wenig Ge**t**rei**d**e, zuwenig W**a**ss**er; das Al**ph**abet; sich sa**tt** e**ss**en; **T**ausende **M**enschen, **T**ausende von Menschen; ein **D**ri**tt**el, ein **V**iertel.

Ansage:

In vielen Ländern der Erde he**rr**scht N**o**t. Man nennt diese Länder Entwicklungsländer. Die Fel**d**er bringen dort viel zu wenig Ge**t**rei**d**e, Gemüse, Fu**tt**er. Es g**i**bt zu wenig W**a**ss**er. Die Menschen kö**nn**en nicht lesen und schreiben, sie sind **A**nal**ph**ab**e**ten. Und wo es Schulen gibt, kommen durchschni**tt**lich von 1000 Kindern nur 125 bis in die letzte Kla**ss**e. Es g**i**bt nur wenige Är**zt**e und Kran**k**enh**äu**ser. Oft wüten gef**äh**rliche S**eu**chen unter den Menschen. Nur ein Dri**tt**el aller Menschen der Erde ka**nn** sich t**ä**glich sa**tt** e**ss**en. Noch i**mm**er sterben Tag für Tag **T**ausende Menschen an Hunger. Es ist ein schrecklicher Kreislauf: **D**ie Menschen sind arm. Wer arm ist, hat nicht genug zu e**ss**en. Wer hungert, wird leicht krank. Wer krank ist, wird schwach, müde, erschöpft, gleichgültig. Er ka**nn** nicht m**eh**r arbeiten. So wird er **v**ö**ll**ig hilflos.

85 Verkehrsmittel

Vorübung:

Der **M**orgen, am **M**orgen, **m**orgen (am nächsten Tag), heute **M**orgen, **m**orgen**s**; **v**erschwin**d**en, verschwan**d**, wenn er verschw**ä**n**d**e; bringen, br**a**chte, br**ä**chte; s**eh**en, s**ah**, s**ä**he; ha**b**en, ha**tt**e, h**ä**tte; geben, g**a**b, g**ä**be; kommen, k**a**m, k**ä**me.

Ansage:

Was würde geschehen, we**nn** über Nacht alle Straßen **v**erschw**ä**nden? Wir bekämen am **M**orgen keine Milch, weil der Bauer die Milch ohne Straße nicht zur Mol**k**erei und die Mol**k**erei sie nicht zum Milchgeschäft bringen kö**nn**te. So wie mit der Milch würde es mit a**ll**en Lebensmi**tt**eln geschehen und natürlich auch mit den anderen Dingen, die wir zum **L**eben brauchen. Es wäre ein ganz undenkbarer Zustand, der **vie**l Mü**h**e und Sorgen br**ä**chte.
Wie aber s**ä**he ein Tag aus, wenn wir zwar alle Arten von Straßen und **V**erk**eh**rswegen h**ä**tten, über Nacht aber alle **V**erk**eh**rsmittel, die Autos, Lastwagen, Eisenb**ah**nen, Schi**ff**e und Flugzeuge, verschw**ä**nden? Das w**ä**re wohl mindestens ebenso schli**mm** und undenkbar, de**nn** dann bek**ä**men wir unsere Milch auch nicht, weil es ja kein Milchauto mehr g**ä**be. Ihr k**ä**met zu sp**ä**t in die Schule, weil euer Fah**rr**ad nicht mehr da w**ä**re; die Väter k**ä**men zu sp**ä**t zur Arbeit, weil keine Straßenbahn, kein Zug, kein Auto sie dorthin bringen k**ö**nnte. Unser ganzes geordnetes Leben w**ä**re plötzlich in einer hei**ll**osen Unordnung.
Wir kö**nn**en uns heute eben ein **L**eben ohne die **V**erk**eh**rsmittel Auto, Eisenbahn, Fah**rr**ad, Schiff und Flugzeug nicht mehr **v**orst**ell**en.

86 Auf dem Gipfel des Nanga Parbat

Vorübung:

Das Gelände fällt ab; abends, heute Abend, der Abend, am Abend; müde, todmüde sein; der Gletscher, schneebedeckte Gletscher; die Ebbe, verebben; der Ozean; der **Himalaja**; Pakistan (ein asiatischer Staat); ein Fünftausender, ein füntausend Meter hoher Berg; der **Nanga Parbat** (ein Berg).

Ansage:

Und dann stehe ich auf dem höchsten Punkt dieses Berges, in 8125 Meter Höhe. Nirgends geht es mehr höher hinauf(,) und nach allen Seiten fällt das Gelände nur ab. Es ist sieben **Uhr** abends. Als erster Mensch stehe ich nun hier, doch nichts vom erhebenden Gefühl des Siegers spüre ich in mir. Ich bin mir der Bedeutung dieses Augenblicks nicht im geringsten bewusst, denn ich bin vollkommen erschöpft! Todmüde lasse ich mich fallen, nun erst kann ich mit Ruhe den Rundblick in mich aufnehmen.

Von der kleinen Gipfelfläche fallen nach allen Seiten steile Flanken ungeheuer tief in die Täler ab. Sie entschwinden dem Auge völlig(,) und erst weit unten sieht man nach allen Richtungen die schneebedeckten Talgletscher hinausziehen. Ich komme mir vor wie auf einem winzigen Eiland inmitten eines riesigen **Ozeans**. Im Norden verebben gewaltige Gebirge, im Osten das gleiche Meer von ungezählten Gipfeln: Das ist der **Himalaja**. Doch ich kann nur einen bescheidenen Teil dieses mächtigen Gebirges übersehen. Auch im Westen brandet ein Wall von Bergen, und nur der Süden fällt in eine schwarze, dunstige Ebene ab: Indien und Pakistan. Unmittelbar unter mir eine Kette von Fünftausendern(,) und darüber hinweg fällt weit in das Land hinein der mächtige Schatten des **Nanga Parbat**.

(Hermann Buhl)

ee, ä, b, p — 8. Schulstufe
Großschreibung von Zeitwörtern; Beistriche — Leistungsstufe 1

87 Sibirische Jäger

Vorübung:

Aino (ein Name); das **H**erumliegen, das **H**erumfahren; die menschenl**ee**re **Tundra**; das Re**n**tier (Re**n**); das **P**iepsen des Tun**d**ravogels; das ferne H**eu**len; die Schli**tt**enkufen; die Ker**b**e, einker**b**en; die Haut, ein Tier h**äu**ten.

Ansage:

Aino, der Jäger, hatte sich von der gro**ß**en Si**pp**e getre**nn**t. Er verachtete das faule **H**erumliegen w**äh**rend des ganzen Sommers. In seinen Adern ro**ll**te noch das Blut der alten Jäger. Das trieb **ih**n hinaus in die **E**insamkeit der menschenl**ee**ren **Tundra**. Für einen, der es nicht ka**nn**te, lag das Land to**t** und sta**rr**. Doch Aino hörte, we**nn** er abends vor seinem schmutzigen Zelt aus Re**n**tierhaut sa**ß**, das **P**ie**p**sen des **T**un**d**ravogels am Wa**ss**er, den Pfi**ff** der **Lemminge**, das ferne Heulen eines streifenden Wolfs. Und we**nn** er das **Ohr** an den Boden legte, vern**ah**m er den Hufschlag des wilden Re**n**s hinter den Hügeln.
Tag für Tag blieb er auf der Spur der wilden Herde. Er wü**ss**te schon l**ä**ngst nicht mehr die Z**ah**l der Tage, h**ä**tte er nicht jeden neuen So**nn**enaufgang durch eine Ker**b**e an den Schli**tt**enku**f**en angemerkt. Als er die s**ie**bente Ker**b**e eingeschni**tt**en hatte, erlegte er einen kräftigen Re**n**tierbu**ll**en, h**äu**tete ihn ab und barg das Fleisch in einer Felsh**öh**le, die er mit schweren Steinen verschlo**ss**. Er **b**rauchte nicht zu sorgen, da**ss** das Fleisch sogleich verdar**b**. Auf der Rückfahrt würde er es r**äu**chern, doch vorher mu**ss**te er noch ein p**aa**r Re**n**tiere erlegen, damit er im Winter zu leben ha**tt**e.

88 Rund um den gedeckten Tisch

Vorübung:

Der Reis, Reis essen; das Essen, Esssitten, essbar, iss!; die **V**e**rr**ichtung, etwas ve**rr**ichten; hinweisen auf etwas, er weist auf etwas hin; ein **Semang** (Angehöriger eines Volkes); **Malaysia** (ein asiatischer Staat); der **B**am**b**us, ein Bambusgef**äß**; fassen, er fasst an; fast (= beinahe).

Ansage:

Für uns ist es selbstbverständlich, da**ss** wir (wenn immer möglich) mit der gan**z**en Fami**l**ie am Tisch si**tz**en. Und da**ss** wir beim E**ss**en besti**mm**te Regeln einhalten sollen, wi**ss**en wir auch, selbst we**nn** wir sie nicht i**mm**er befolgen. We**nn** etwas, was wir ve**rr**ichten, an besti**mm**te Regeln gebunden ist, so wei**s**t man mei**st** darauf hin, da**ss** diese Ve**rr**ichtung nicht nur für das natürliche, sondern auch für das geistige Leben des Menschen wichtig ist. So ist es mit der Tischgemeinschaft, so ist es mit den **E**ss**s**i**tt**en. Wohin wir auch blicken, in die ältesten Zeiten oder in die fernsten Winkel, wir werden i**mm**er fe**stst**ellen, da**ss** die Menschen unter „Essen" mehr verstehen, als nur den Hunger zu stillen. Ein einfacher Jäger und Sa**mm**ler, wie zum Beispiel ein Semang (die Semang sind ein im Urwald Malaysias umherschweifendes **V**olk von ganz klein gewachsenen Menschen), i**ss**t mit der Hand. Jede Woche schlägt er seine Behau**s**ung, einen einfachen Win**d**schirm, anderswo auf. Das Wil**d** wird am offenen Feuer gebraten, Kno**ll**en und Wildfrüchte werden in einem Bambu**s**gef**äß** gekocht, eben**s**o der Rei**s** (von Nachbarn eingetauscht), und dann mit den Händen gege**ss**en.

89 Im Kiefernforst

Vorübung:

Der **Kie**fernforst; die Na**d**elma**ss**en; das M**oo**s des Wal**d**bodens; die M**oo**s- und Na**d**elschicht; eine Sch**o**nung, sch**o**nen; die Krä**h**e, Krä**h**enschw**ä**rme; au**sst**oßen, Rufe aussto**ß**en**d**; die Wasserlacke, die Wa**ss**erlache (Pfütze); das **G**rau, im **G**rau der Luft, die **g**raue Farbe; w**i**derspiegeln.

Ansage:

Endlich bog der Mann in einen breiten Waldweg und befan**d** sich nach wenigen Minuten inmi**tt**en des tiefaufrauschenden **Kie**fern-forstes, de**ss**en Na**d**elma**ss**en eine**m** schwarzgrünen, wellenwerfen-den M**ee**re glichen. Unhörbar wie auf Filz schritt er über die feuch-te M**oo**s- und Na**d**elschicht des Wal**d**b**o**dens. Er fand seinen Weg **oh**ne aufzubli**ck**en, h**ie**r durch die rostbraunen S**äu**len des Hoch-waldes, dort weiterh**i**n durch dicht **v**erschlungenes Jungholz, noch weiter über ausged**eh**nte Sch**o**nungen, die von **e**inzelnen hohen und schlanken Kiefern übersch**a**tt**e**t wurden, welche man zum Schu**tz**e für den Nachwuchs aufbehalten hatte. Ein bl**äu**licher, durchsichti-ger, mit allerhand Düften erfüllter **D**unst st**ie**g aus der Erde auf und lie**ß** die Formen der B**äu**me verwaschen erscheinen. Ein schwerer, milchiger Hi**mm**el hing tief herab über die Baumwipfel. Krä**h**en-schw**ä**rme badeten gleichsam im **G**rau der Luft, unaufhörlich ihre knarrenden Rufe au**ssto**ße**nd**. Schwarze Wa**ss**erlachen fü**ll**ten die **V**ert**ie**fungen des Weges und sp**ie**gelten die trübe Natur noch tr**ü**ber w**i**der.

(Gerhart Hauptmann)

90 Der erste Mensch im Weltraum

Vorübung:

Der Russe Gagarin, Russland; die Raumka**ps**el, der Erdsate**ll**it; die Ra**k**ete, eine Tr**ä**ge**rr**akete; 27 000 Kilo**m**eter; der Fa**ll**schirm; ein Wel**t**raumflug; ein **Kosmonaut**, ein **Astronaut**.

Ansage:

Am 12. April 1961 stieg der Russe **Gagarin** in eine Raumka**ps**el. Er trug dabei einen dru**ck**feste**n** Schu**tz**anzug. Die Ka**ps**el befand sich auf der Spi**tz**e einer **Trägerrakete**.
Die **Rakete** wurde gestartet. Sie brachte die Ka**ps**el in wenigen Minuten auf ihre B**a**hn. Gagarin raste in seine**m** Flugkörper einmal um die Erde. Der künstliche **Satellit** trug den Menschen mit einer **G**eschwindig**keit** von 27 000 **Kilometer** pro Stunde über den Erdba**ll** dahin. Der durchschnittliche Abstan**d** zur Erde betrug 181 Kilometer. Die grö**ß**te **E**ntfernung von der Erde betrug 327 Kilometer. Der Flug dauerte nicht **v**iel länger als eine Stunde, da**nn** wurden die **B**rems**r**aketen gezündet(,) und die Ka**ps**el flog i**mm**er langsamer. In einem gro**ß**en Bogen n**ä**herte sie sich wieder der Erdoberfl**ä**che. In einer Höhe von 7000 Meter ö**ffn**ete sich ein großer Fa**ll**schirm. Gagarin lan**d**e**t**e wohlbehalten. Der erste Weltraumflug war geglückt.

91 Die Fabrik

Vorübung:

Die Fabri**k**, eine Masch**i**nenfabri**k**, die Taba**k**fabri**k**; der **V**organg, Arbeits**v**org**ä**nge, die **V**organ**gs**weise; Werkst**ü**c**ke**; das Flie**ß**band, fl**ieß**en, der Flu**ss**; die Arbeiteri**n**, viele Arbeiteri**nn**en; der Auto**ma**t, autom**a**tisch; Han**d**wer**ks**betr**ie**be; die Rep**a**ratur, etwas rep**a**rieren, eine Repar**a**turwerksta**tt**, **v**iele Werkst**ä**tten.

Ansage:

Die Fabrik ist ein meist größerer Betrieb, in dem in großen Mengen versch**ie**dene W**a**ren hergeste**ll**t werden. Die Menschen arbeiten dort an Masch**i**nen. Sie haben die **v**erschiedenen Arbeits**v**org**ä**nge unter sich aufgeteilt und machen mitunter Tag für Tag tausendmal dieselben **H**andgri**ff**e. In manchen Fabri**k**en stehen die Menschen an Fließbändern. Da gleiten die Werkstücke zu ihnen heran, werden von ihnen bearbeitet und gleiten zum nächsten Arbeiter oder zur nächsten Arbeiteri**n** weiter. **V**iele Arbeiten werden in den Fabri**k**en von automatischen Maschinen, von Automaten, übernommen.
In Handwerksbetrieben, z. B. bei Tischlern, Schlossern, Mechani**k**ern, Schneidern, gibt es ebenfalls Masch**i**nen. Aber der Handwerker arbeitet nicht an Ma**ss**enwaren, sondern an Einzelstücken. Er macht auch Rep**a**r**a**turen und arbeitet nicht nur in seiner Werksta**tt**, sondern am Bau, in Wohnungen, in Schulen.

92 Vor dem Gesetz sind alle gleich

Vorübung:

Das Gese**tz**, gese**tz**lich, der Gese**tz**geber; die Demo**k**ra**t**ie (Volksherrschaft), eine demo**k**ratische Republi**k**, eine demo**k**ratische Reg**ie**rung; die Di**k**tatur, di**k**tieren; die **S**chul**d**, **s**chul**d** sein, an etwas **S**chuld haben, jemandem **D**ank **s**chulden.

Ansage:

Wer spielen wi**ll**, mu**ss** sich an die Sp**ie**lregeln halten. We**nn** er mogelt, gewi**nn**t er, obw**oh**l die **a**nderen vie**ll**eicht be**ss**er sp**ie**len als er. Das ist nicht gerecht. Was im Sp**ie**l die Regeln sind, das sind im Leben die Gesetze. Sie regeln das Leben der Menschen untereinander. Wer gegen die Gese**tz**e verstö**ß**t, schadet anderen Menschen. Er wird vor Gericht gestellt. We**nn** seine **S**chuld erwiesen ist, wird er zu einer Strafe verurteilt. Die Gese**tz**e kö**nn**en von Land zu Land versch**ie**den sein. Für unser Land gilt: Vor dem Gesetz ist jeder gleich. Wir leben in einer Demokratie. Es gibt auch Länder, in denen einige **w**enige Menschen oder eine besti**mm**te Menschengru**pp**e (Partei) die Macht haben. **Vie**le Menschen sind in solchen Ländern vö**ll**ig rechtlos. Sie leben in st**ä**ndiger Angst(,) eingespe**rr**t zu werden. **Vie**le gehen als Flüchtlinge von ihrer Heimat weg. Man ne**nn**t diese Gewalthe**rr**schaft Dik**t**a**t**ur.

(Aus dem Lexikon „Werwiewas“)

93 Der Siegeszug der Kunststoffe

Vorübung:

Der Kunststo**ff**, ein Kunststo**ff**ra**d**; der Bed**ie**nun**gs**hebel, etwas bed**ie**nen; das **P**orze**ll**an, eine **P**orze**ll**anschale; gu**ss**eiserne Ger**ä**te, aus Eisen gego**ss**en; das Tele**f**on (Tele**ph**on), der Tele**f**ona**pp**arat; der Run**d**funk, die Run**d**funkindustr**ie**, ein Run**d**funkger**ä**t; Zahnr**ä**der, das Meta**ll**, ein meta**ll**isches Handra**d**.

Ansage:

Ganz gewaltig sind die **U**mwä**lz**ungen, welche die Kunststo**ff**e in der Wirtschaft und in der Techni**k** gebracht haben. Mit **R**echt sagen wir heute: mu**ss** der Fenstergri**ff** im Haus und im Fahrzeug, mu**ss** der **B**ed**ie**nungshebel irgendeines Ger**ä**tes unbedingt aus Meta**ll** sein? Nein! Der Kunststo**ff** tri**tt** hier auf den **P**lan und l**äss**t sich in seinem **Sie**ges**z**ug nicht mehr aufhalten. Ganze Schaltbre**tt**er für Autos werden heute gepre**ss**t. Warum Porze**ll**an für Schalter und Stecker? Warum die schweren gu**ss**eisernen Ger**ä**te in Keller und Waschküche? Weg mit de**m** rostenden Eisen, Kunststo**ff**e sind gefragt! Warum an eine**m** metallische**n** Han**d**ra**d** der Hei**z**ung die Finger verbrennen? Ein Kunststo**ff**ra**d** tut be**ss**ere Dienste und spart Meta**ll**. Öfen, Herde, Schreibmasch**i**nen, Autos, Fah**rr**äder – alles folgt dem Beispiel: Die erforderlichen Hebel und Gri**ff**e werden gepre**ss**t; Lampenfüße aus Metall gelten als veraltet; Federschalen, Schreibzeuge, selbst Zahnräder, Masch**i**nenteile und Rohrleitungen – alles aus Kunststoff. Fast der ganze Tele**f**ona**pp**arat wird aus Kunststo**ff** gepre**ss**t. Einen neuen Siegeszug der Kunststoffe bringt die Rundfunk**industrie**. Warum soll man die Geräte in teure Edelhölzer kleiden, wenn man den Kunststoff billiger und ebenso schön hochglänzen**d** und gema**s**ert herstellen kann?

94 Die Akü-Sprache

Vorübung:

Abkür**z**ungssprache (Akü-Sprache); der Mars (ein Pla**ne**t); eine W**äh**run**gs**bezeichnung; eine Ak**tie**, eine Ak**tien**gese**ll**schaft; die **D**eutsche **I**ndustrie-**N**orm (DIN); die **Uni**versit**ä**t (Uni), der A**kk**umulator (A**kk**u); die **V**ereinten **N**ationen (UNO); das **L**e**s**en und **V**erstehen, etwas **l**esen und **v**erstehen.

Ansage:

Hast du schon von der **Akü**-Sprache gehört? Das ist nicht etwa die Sprache der Mar**s**menschen oder eines neu entde**ck**ten Stammes der Indianer, sondern eine Wortschöpfung des 20. Jahrhunderts und bedeutet „Ab**kü**rzungssprache". Freilich wurden schon immer häufig vorko**mm**en**d**e Wörter, Ma**ß**einheiten oder W**ä**hrungsbe**z**eichnungen abgekürzt, wie etwa l (Liter), kg (Kilogramm), dgl. (dergleichen), u. a. m. (und anderes mehr), usw. (und so weiter). Heute jedoch treten immer mehr Abkürzungen auf, die vielfach aus **Bequ**emlichkeit gebildet worden sind und als selbständige Wörter gesprochen werden; etwa: AG (**A**ktien**g**esellschaft, gesprochen a-ge), DIN (**D**eutsche **I**ndustrie-**N**orm), Kripo (**Kri**minal**po**lizei), Uni (**Uni**versität), A**kk**u (der **Akku**mulator), UNO (**U**nited **N**ations **O**rganization = die Vereinten Nationen). Dadurch entstehen oft gekünstelte Buchstabenwörter, die unsere Sprache verstü**mm**eln und das **L**esen und **V**erstehen erschweren.

95 Wandern ohne Sorgen

Vorübung:

Der **T**alg, der Hirschtal**g**; eine Wa**g**halsi**gk**eit, etwas wa**g**en, wa**g**halsig sein; eine Bergpar**tie** (T**ou**r) machen; das **Tempo** (Geschwindigkeit); langsam **g**ehen und **s**tehen bleiben, das langsame **G**ehen und **S**tehenbleiben, langsame**s** **G**ehen und **S**tehenbleiben; die Morgen- und Abendstunden; der Ka**ffee**, der T**ee**; sich **o**rientieren (zurechtfinden), die **O**rientier**ung** **v**erl**ie**ren; Wege **m**ar**k**ieren, die **m**arkierten Wege, die **M**arkier**ung** der Wege; beim **F**euermachen, beim **E**rrichten von Kochstellen, beim **E**ssen.

Ansage:

1. Achte auf die Fu**ß**pflege: g**eei**gnete Schuhe, Behandlung mit Puder und Hirsch**t**alg! Nur mit gesunden Fü**ß**en kann man mü**h**elos und freudig wandern!
2. Keine unbedachten **Waghalsigkeiten** bei Berg**partien** und **Schiwanderungen!** Keine schwierige T**our** ohne erfahrenen Führer!
3. Achte auf das Tem**p**o und die St**e**tigkeit beim **G**ehen! Eile nicht! **V**ermeide **Ü**beranstren**g**ungen ebenso wie zu langsames **G**ehen oder unnötiges **S**tehenbleiben! Nü**tz**e die kühlen Morgen- und Abendstunden!
4. Trink wenig, aber n**ie**, we**nn** du erhi**tzt** bist, und nie zu kalte Flü**ss**igkeiten! Warme, gekochte Getränke (Kaffee, Tee, Suppe) löschen ebenfalls den Durst und gefährden nicht die **G**esundheit. Hüte dich vor unreine**m** Wasser!
5. Studiere die Landkarte genau und achte auf gute **Orientierung** im Gelände!
6. Halte die Augen offen! Nicht nur wegen der **Markierungs**zeichen, sondern um dich an Landschaft, Pfla**nz**en- und Tierwelt zu erfreuen!
7. Beachte die alterprobten We**tt**erregeln! Bereite dich in Kleidung und Ausrüstung auf Schlechtwe**tt**er und K**ä**lte vor!
8. Ni**mm** Rü**ck**sicht auf die Mitmenschen! Vermeide unnötigen Lärm! **V**erunreinige nicht Wälder und **Qu**ellen! Beachte den Naturschu**tz**! Vorsicht beim **F**euermachen und **E**rrichten von Kochstellen!

96 Im brasilianischen Urwald

Vorübung:

Das **G**old, das **R**osa, das **P**ur**p**u**rr**ot, aber: **g**oldfar**b**ig, **r**osa, **p**urpu**r**-**r**ot; das Laubm**ee**r; ein **Chaos** (Durcheinander), ein Pflan**z**en**chaos**; zwischen hochrankende**m** K**rie**chgew**ä**chs; ein Schmaro**tz**er, schmarotzen, Schmaro**tz**erpflan**z**en; der **T**ro**p**enwal**d**, die **T**ro**p**en, eine **T**ro**p**enhi**tz**e; kraftstro**tz**en**d**; spro**ss**en**d**, **v**ermo**d**ern**d**, **v**ernichten**d**; sprie**ß**en, ein Spro**ss**.

Ansage:

Wie m**ä**chtige Pfeiler streben ringsum Riesenstä**mm**e auf, **v**erschwinden droben in dem leise, kaum merklich wo**g**en**d**en Laubm**ee**r der Wipfel. Das Tageslicht dringt nur ged**ä**mpft hindurch. Das **G**old, **R**osa, **S**charlach und **P**urpur der Blüten ist nur zu sehen, we**nn** eine Lichtung das Laubm**ee**r unterbricht. Wucherndes Pflanzen**chaos**, Schlinggew**ä**chse – fadendü**nn** bis schen**k**elstar**k**, emporkli**mm**en**d** an schlan**k** und hoch zum Licht wa**chs**enden B**äu**men – durchziehen schlangengleich den Luftraum und saugen noch mit Luftwu**rz**eln, die wie **unzäh**liges schla**ff**es Tauwerk niederhängen, die N**ä**ss**e** aus der schweren, dum**pf**en Urwa**ld**luft.
Auf den Ästen, in Winkeln zwischen hochrankende**m** K**rie**chgew**ä**chs und Sta**mm**, in H**öh**lungen und Ga**b**eln sprie**ß**en grüne und braune Büsche: Schmaro**tz**erpflanzen. Sie haben mit ihren **R**anken und Bl**ä**ttern manchen Baumriesen wie zu**m** verschwo**mm**ene**n** Pflan**z**enturm umsponnen.
So w**ä**chst und wuchert der Tro**p**enwal**d**, sich stützen**d** und vernichten**d**, vermodern**d** und doch überall in kraftstro**tz**en**d**er grüner Fülle immer neu sprossen**d**. Alles wird getrieben von der Gier nach dem Lebenstran**k** der Pflanze, dem So**nn**enlicht.

97 Die Kreuzotter ist ein Mäusejäger

Vorübung:

Das Zickzackband der Kreuzotter; das x-förmige Zeichen; das Moor, moorig; Brombeeren, das Brombeergebüsch; jagen, er jagt, die Jagd; Ottern und Nattern; ausreißen, Reißaus nehmen; Kreuzotternbisse, die Bissstelle; tödlich, der Tod, todkrank sein.

Ansage:

Das Zickzackband auf dem Rücken verrät uns die Kreuzotter, die bekannteste Giftschlange unserer Heimat. Hinzu kommt das x-förmige Zeichen auf dem Kopf, das ihr den Namen gab. Wie bei allen Ottern ist der Leib – im Gegensatz zu den viel flinkeren und wendigeren Nattern – plump und rund, mit nur kurzem, deutlich abgesetztem Schwanz. An mäßig feuchten, aber sonnigen Plätzen fühlt sich die Kreuzotter am wohlsten. Wir finden sie deshalb in Heide und Moor, auf sauren Wiesen und Ödlandstreifen, in Brombeergebüschen, in wild bewachsenen verlassenen Steinbrüchen, jedoch fast nie auf bebautem Land und in der Nähe von Siedlungen.
Die Kreuzotter ist ein eifriger Mäusevertilger. Nachts geht sie auf Jagd. Sie lauert ihrer Beute auf, verfolgt sie aber nicht wie die flinken Nattern. So verfolgt sie auch nicht den Menschen, der sie aufstört. Wer ihr begegnet, braucht also nicht den Kopf zu verlieren. Nur bei Gefahr, wenn sie sich bedroht fühlt, beißt sie zu. Viel lieber nimmt sie Reißaus. Wer gebissen wird, lasse die Bissstelle kräftig ausbluten und binde dann das gebissene Glied oberhalb der Bissstelle ab. Dann rasch zum Arzt, Kreuzotternbisse sind gefährlich, aber nur selten tödlich, wenn sie rechtzeitig behandelt werden.

98 Wer fotografiert, hat mehr vom Leben

Vorübung:

Die Kamera, Camera obscura; der Fotoapparat (Photoapparat), fotografieren (photographieren), eine Fotografie (Photographie); chemische Stoffe, die Chemie, der Chemiker; abbilden, eine Abbildung; bewahren, etwas aufbewahren.

Ansage:

Zwei Erfindungen waren für die Fotografie notwendig. Die erste hieß **Camera obscura**. Das ist lateinisch und heißt „dunkle Kammer". Und das Wort Kamera für den Fotoapparat kommt von dort. Gemeint ist ein Kasten, der in einer Wand ein kleines Loch hat, sonst aber rundherum kein Licht einlässt. Das Licht fällt durch das Loch in die dunkle Kamera und auf die dem Loch gegenüberliegende Wand. Die wird aber nicht etwa nur hell, sondern auf ihr erscheint ein Bild von draußen: ein Baum, ein Krug, ein Mensch. Es steht allerdings auf dem Kopf. Freilich verschwindet das Bild sofort, wenn man das Loch zuhält. Um das Bild zu bewahren, musste die zweite Erfindung helfen. Man fand chemische Stoffe, die sich im Licht verändern. Diese Stoffe brachte man auf eine Unterlage auf und schob diese Platte statt der Wand in die Kamera. Wenn nun das Licht durch das Loch fiel, veränderte sich die Schicht auf der Platte – stärker und schwächer, je nach den hellen oder dunklen Stellen. Und damit hatte man eine vom Licht selbst gezeichnete Abbildung von Baum, Krug oder Mensch. Das geschieht im Grunde auch noch bei einer modernen Kamera so.

(Aus dem Lexikon „Werwiewas")

99 Gastarbeiter

Vorübung:

Die Fabri**k**, eine Fabri**k**arbeiteri**n**; Werkst**ätt**en; die Re**p**u**b**li**k**, die Bundesre**p**u**b**li**k** Deutschland; Kroatien; Gastarbeiter-Kinder; ein Mi**ss**verst**ä**ndnis, manche Mi**ssv**erst**ä**ndni**ss**e; ein **B**rauch, manche Br**äu**che.

Ansage:

Manche Länder haben v**ie**le **Fabriken**, Wer**k**st**ätt**en und Baust**el**-**l**en, aber **v**iel zu wenige Arbeiter. Andere L**ä**nder haben m**eh**r Arbeiter als sie für ihre Fabr**ik**en, Werkst**ätt**en und Baust**ell**en brauchen kö**nn**en. Daher wer**b**en die L**ä**nder, die zu wenige Arbeiter haben, die Arbeiter aus den anderen L**ä**ndern an. Die ko**mm**en als G**ä**ste ins Land und arbeiten hier. Sie sind Gastarbeiter. In der Bundesrepublik Deutschland, in Österreich und in der Schweiz leben **vie**le Gastarbeiter: Kroaten, Tür**k**en, Italiener, Spanier, Gr**ie**chen. **V**iele von **ih**nen haben ihre Fam**ili**en bei sich. **V**iele Gastarbeiter-Kinder gehen hier in die Schule. Sie sehen anders aus als unsere Kinder. Sie haben andere Gewohnheiten und Br**äu**che. Und sie müssen unsere Sprache erst lernen. Man kann auch sagen: **U**nsere Kinder sehen anders aus als sie, wir haben andere Gew**oh**nheiten und Br**äu**che(,) und wir sprechen ihre Sprache nicht. Es g**i**bt viele **Missv**erständni**ss**e zwischen den Gastarbeitern und den **E**inheimischen. **V**iele **E**inheimische haben **V**orurteile gegen Gastarbeiter und ihre Fam**i**lien. Die Gastarbeiter haben es daher nicht i**mm**er leicht in dem Land, das für sie fremd ist. Und ihre Kinder auch nicht. Daher sollte ihnen jeder helfen, der helfen kann.

(Aus dem Lexikon „Werwiewas“)

100 Ansteckende Krankheiten

Vorübung:

Die Krankheit; die Gri**pp**e, Röteln, Ma**s**ern, Mumps; e**rr**egen, der E**r**-**r**eger, ein Krankhei**tse**r**r**eger; **Bak**terien, die **Bak**terienbek**ä**mpfung; der **V**irus, **v**iele **V**ir**en**; sich in**fiz**ieren (anstecken), eine Infek**tions**-krankheit; die **Tu**ber**k**ulose, tuber**kulö**s sein; **Antibiotika**, ein Antibiotikum.

Ansage:

Ansteckende Krankheiten hat jeder von uns schon einmal gehabt: Schnupfen, Husten, Gri**pp**e, vielleicht auch **Masern**, **Röteln** oder **Mumps**. Diese **K**ra**nk**heiten werden durch winzigkleine E**rr**eger übertragen, manche durch Bakt**e**rien, manche durch **V**iren. Ma**n** atmet sie ein, ni**mm**t sie mit der N**ah**rung zu sich, man ber**üh**rt einen kranken Menschen – und schon ist man selbst krank. Man hat sich angeste**ck**t oder – mit einem Fremdwort: infi**zi**ert. Man kann sich gegen ansteckende Krankheiten (**Infektionskrankheiten**) schützen. Wichtig ist **A**bhärt**ung** (viel frische Luft, Sport zu jeder Jahreszeit). Wichtig ist gesunde Ern**äh**rung (auch Obst und Gemüse). Wichtig ist bei manchen Krankheiten der Schutz durch eine Impfung (z. B. gegen Tuberkul**o**se, gegen Kinderl**äh**mung, gegen **Grippe**). Die Impfung macht den Körper stark in seinem W**i**derstand gegen die Krankheitse**rr**eger. Gegen Krankheiten, die von Ba**k**terien e**rr**egt werden, gibt es gute Heilmi**tt**el. Sie heißen **Antibiotika**. Wer eine ansteckende Krankheit hat, soll nicht in die Schule oder zur Arbeit gehen. Er würde sonst andere anste**ck**en. Bei manchen anste**ck**enden Krankheiten kommt der Kran**k**e ins Krankenhaus. Dort darf ihn, solange er krank ist, niemand besuchen, damit niemand sich ansteckt.

(Aus dem Lexikon „Werwiewas")

101 Wir machen einen Besuch

Vorübung:

Das Wohl und Wehe, sein Wohl und Wehe; die Anteilnahme, an etwas Anteil nehmen; die Schuhe abputzen; die Zigarettenasche, Filterzigaretten; neu ankommen, der Neuangekommene; sitzen, jemanden zum Sitzen auffordern; das Problem, viele Probleme haben.

Ansage:

Gute Laune ist bei einem Besuch nach Möglichkeit mitzubringen. Man wird nicht nur über seine eigenen Probleme sprechen, sondern auch für das **Wohl** und Wehe seiner Gastgeber Anteilnahme zeigen. Der Besucher wird außerdem bestrebt sein, der Hausfrau möglichst wenig Arbeit zu machen. Er wird die Schuhe abputzen, Tischwäsche und Geschirrwäsche schonen und die Zigarettenasche nicht auf den Boden **fallen lassen**. Er wird unter Umständen der Hausfrau bei ihrer Arbeit für die Gäste behilflich sein. Die Kleidung des Besuchers soll nett und sauber sein, schon aus Achtung vor dem Gastgeber. **Nicht geladene** Gäste **mitzubringen**(,) sollte man möglichst vermeiden. Hat man jedoch einen Freund mitgenommen, der im Haus des Gastgebers unbekannt ist, dann stellt man ihn **sogleich** vor. Der Gastgeber stellt den **Neuangekommenen** den bereits anwesenden Gästen vor. Ist er nicht im Raum, macht man sich selbst bekannt. Zuerst wird immer die Hausfrau begrüßt, dann der Hausherr und die übrigen Gäste. Man setzt sich nicht sofort nieder, sondern wartet, bis der Gastgeber einen Sitzplatz anbietet und zum Sitzen auffordert.

102 Der Bauer

Vorübung:

Die Bä**u**eri**n**, zwei Bä**u**eri**nn**en; der **T**ra**k**tor und der **Mäh**dr**e**scher, m**äh**en und **d**reschen; die **P**ro**d**u**k**te (Erzeugnisse), etwas **pro**d**uzie**ren; das **Vieh**, die **Vieh**zucht, **Vieh**wirtschaft; der M**ai**s, ein M**ai**skolben, das M**ai**smehl (Kukuruzmehl).

Ansage:

Bauer und B**äu**eri**n** haben einen der **ä**ltesten und **w**ichtigsten Berufe der Welt. Sie bringen uns mit ihrer Arbeit Ge**t**rei**d**e, Gemüse, Obst, Milch, Fleisch, Eier. Der Bauer und die B**äu**eri**n** von h**eu**te f**ah**ren mit dem Tr**a**ktor, arbeiten mit de**m** M**ähd**rescher. **V**ersch**ie**dene landwirtschaftliche Fachschulen bereiten die jungen Menschen auf ihren Beruf vor. Sie mü**ss**en **v**iel von Techni**k** **v**erste**h**en. Sie mü**ss**en auch gute Kaufleute sein. Bauern verkaufen Milch, Ge**t**rei**d**e und ihre anderen Waren (Produkte) über die Geno**ss**enschaft, der sie angehören. Nur noch selten verkaufen der Bauer und die B**äu**erin Eier, Bu**tt**er, K**ä**se, Gemüse und Obst selbst auf eine**m** Markt. **V**iele Bauern haben sich auch ganz auf einen **e**inzigen Zweig der Landwirtschaft eingeschr**ä**nkt, z. B. auf den A**ck**erbau oder auf die **Vieh**zucht(,) oder auch nur auf ein einziges **P**rodu**k**t, z. B. nur auf M**ai**sbau oder nur auf Geflügelzucht.

(Aus dem Lexikon „Werwiewas“)

103 Frühling

Vorübung:

Der Frü**h**ling, heute frü**h**, in der Frü**h**e; **p**rangen, **prä**chtig; das schmü**ck**en**d**e **W**ei**ß**; der Ra**p**s, ein Ra**p**sfeld; s**ä**en, auss**ä**en, die S**aa**t; der **P**irol (ein Vogel); der Ku**ck**u**ck**; die **V**ormi**tt**a**gs**so**nn**e; der Ginster (eine Pflanze), der Stachelginster; ro**d**en, die **R**odung; ein Steinschm**ä**tzer (ein Vogel); schm**a**tzen; braun, sich br**äu**nen; das M**oo**r, M**oo**rb**ä**der n**eh**men; der Hori**z**ont, hori**z**ontal.

Ansage:

Der Frü**h**ling ist auf der Höhe. Die W**ie**sen str**ah**len im Schmu**ck**e goldiger Blumen**p**racht, die Obstg**ä**rten **p**rangen in schi**mm**ernde**m** Wei**ß**, sa**tt**gelbe, lange Streifen **zieht** der blü**h**ende R**ap**s durch die he**ll**grünen Fl**u**ren, fu**ß**hoch steht die junge S**aa**t, Mauersegler und **P**irol, Ku**ck**uck und Spo**tt**vogel, die spätesten aller Zugvögel, sind w**ie**der da. Die **V**ormi**tt**a**g**ssonne sen**gt** nur so auf die Heide nieder. Im braunen Heidekraut bl**üh**t hellgel**b** der Stachelg**inst**er; grünseidige Eide**chs**en rascheln in dem Gestrü**pp**; silberflügelige Libe**ll**en schwirren über den Wegen; he**ll**blaue Schme**tt**erlinge tan**z**en über den Gin**st**erblüten, und goldgrüne San**d**läufer fliegen schimmern**d** vor uns auf. In den hohen Fluren ruft der Ku**ck**u**ck**, ab und zu p**ie**p**st eine Meise in der Dickung, auf der R**o**dung re**nnt** der Steinschmä**t**-**z**er eifrig umher, unz**äh**lige Fliegen und K**ä**fer surren durch das Strauchwerk(,) und uns läuft der Schwei**ß** unter den Lo**d**enhüten hervor(,) und Na**ck**en und Hände br**äu**nen sich fast zusehen**ds**. Über dem M**oo**re zi**tt**ert die kochende Luft, am Hori**z**ont quellen die di**ck**en Rauchwolken der bre**nn**enden M**oo**re empor.

(Hermann Löns)

104 Alkohol ist gesundheitsschädlich

Vorübung:

Der Alkohol, Alkoholvergiftung, ein Alkoholiker, alkoholfreie Getränke; der Likör, ein Likörglas; der Tod, das Todesopfer, sich zu Tode trinken; der **Charakter**, **charaktervoll** sein, es ist charakteristisch; eine Kur, ein Kuraufenthalt, die Entwöhnungskur, ein Kurort.

Ansage:

Der Alkohol ist eine farblose Flüssigkeit, die brennend schmeckt. Man braucht Alkohol z. B. für Heilmittel. Alkohol ist auch in Most, Wein, Bier, Rum, Schnaps, Likör (und daher auch in Likör**bonbons**). Er macht rasch betrunken. Ein Betrunkener auf der Straße wirkt für viele Menschen **komisch**. Dabei ist da wirklich nichts zu lachen. Wer ständig trinkt, wird meist gefährlich krank. Eine schwere Alkoholvergiftung kann rasch zum Tod führen. Menschen, die zu **Alkoholikern** werden – ein Drittel von ihnen sind Frauen –, **ändern** ihren **Charakter**. Sie werden rücksichtslos, streitsüchtig, gewalttätig, willenlos, unverlässlich, arbeitsunfähig. Ein Drittel aller Verkehrsunfälle mit Todesopfern ist auf **Alkoholisierung** eines Fahrers zurückzuführen. Viele Alkoholiker erkennen ihren Zustand als eine Krankheit. Sie gehen zum Arzt und machen eine Entwöhnungskur. Nachher können sie wieder ein normales Leben führen, wenn sie völlig auf Alkohol verzichten. Es gibt viele **alkoholfreie** Getränke.

(Aus dem Lexikon „Werwiewas“)

105 Jeder ist seines Glückes Schmied

Vorübung:

Durchla**ss** gew**äh**ren; der Traum vom **S**elbst**ä**ndigsein; gewi**ss**, die Gewi**ss**heit; der **Ch**or der **Z**urü**ck**bleiben**d**en; sich en**t**scheiden, seine En**t**scheid**ung**; zi**e**hen, er zi**eh**t aus.

Ansage:

Manchmal drückt die Schulbank arg, nicht w**ah**r? Das unab**ä**nderliche Gesetz des Stundenplanes scheint vor de**m** wirklichen Leben wie ein Gi**tt**er zu sein, das **v**orerst nur den Tr**äu**men Durchla**ss** gewährt – den Tr**äu**men vom **S**elbständigsein, von großen Taten, die man zu tun bereit ist, und der weiten Welt, die es zu erobern gilt . . . Aber mit unve**rr**ückbarer Gewi**ss**heit kommt der Tag, der den Schlu**ss**punkt hinter die Schulzeit setzt. Und haben wir ihn auch oftmals herbeiges**eh**nt, so wird doch ein seltsames Gef**üh**l in uns aufsteigen, wenn der **Ch**or der Zurückbleibenden das Abschiedsl**ie**d singt: „**Zieh**t in Frieden eure Pfade . . ."
Das „Gitter" ist gefallen: Es gibt keinen Stundenplan mehr, wenigstens keinen, der für diese Stunde Rechnen, für die nächste **D**eutsch und für die übern**ä**chste Turnen vorsieht. **V**on nun an werden wir selbst in die Stunden des Tages schreiben, wie wir sie – si**nn**voll oder nicht – verwendet haben. Aber davor liegt die En**t**schei**d**ung über den künftigen Weg, de**nn** jeder ist seines Glückes Schm**ied**!

106 Erholsames Voralpenland

Vorübung:

Das **V**iertel ober dem Wienerwald, der Lun**z**er **See**; der **Ch**ara**k**ter, der **V**oralpen**ch**ara**k**ter; die Ra**x** und der Schn**ee**berg (zwei Berge); der Li**f**t, ein Bergli**f**t, Schili**f**t; die Na**tion**, na**tion**al, inter**nation**al; der Lu**x**us, lu**x**uriös; der Se**mm**eringpa**ss**, die Se**mm**eringb**ah**n; der M**ee**resspiegel; die Wa**ss**erschei**de**, etwas au**s**scheiden; ein Heilkl**i**ma; Ri**tt**er von **Gh**ega, der Erbauer der Se**mm**eringbahn; die S**ee** (M**ee**r), übers**ee**isch; sa**m**t und **s**onders, sä**m**tliche.

Ansage:

Den westlichen **B**undesl**ä**ndern ähnelt das **V**iertel ober dem **W**ienerwald im südlichen Niederöste**rr**eich. Die Landschaft um den **L**unzer See und den **Ö**t**sch**er, um A**nn**aberg und Gösting hat ebenso **V**oralpen**ch**ara**k**ter wie Türni**tz** in der H**ain**felder Gegend und das Gebiet von Ra**x** und Schn**ee**berg. Sta**tt**liche He**rr**ensi**tz**e und Bergbauernhöfe sind hier zu finden. Überall ni**mm**t der Fremden**v**erkehr zu. Immer h**äu**figer wird die fast bis zu 2000 Meter ansteigende Bergwelt von Liften und Seilbahnen erschlo**ss**en. Be**qu**eme Gasthöfe bieten übera**ll** jenen Ru**h**e und Er**h**olung, die ein **A**usruhen fernab vom **internationalen** Getr**ie**be zu schä**tz**en wi**ss**en.
Wer jedoch Lu**x**us genießen will, der mu**ss** den Se**mm**ering aufsuchen. Dieser milde Lufts**ee**, 1000 Meter über dem M**ee**resspiegel, an der Wetterscheide zwischen Niederöste**rr**eich und Steiermar**k**, ist wegen seines Heil**kl**imas ebenso bekannt wie ob seiner Hotelpal**ä**ste, die schon um die **J**ahrhundertwende für eine Lu**x**us gewohnte Gese**ll**schaftskla**ss**e e**rr**ichtet wurden. In erster L**in**ie ist die Erschlie**ß**ung des Se**mm**eringgebietes dem Erbauer der Se**mm**eringbahn, Ritter von **Gh**ega, zuzuschreiben. Als erste Gebirgsbahn der Welt war sie das Besipiel für sä**m**tliche europäischen und übers**ee**ischen Gebirgsb**ah**nen. Für Öste**rr**eich aber ist sie die kür**z**este **V**erbindung zwischen der Bundeshau**p**tstadt und der Adria.

107 Nimm Urlaub vom Auto, fahr mit der Bahn!

Vorübung:

Expe**die**ren (befördern); ein B**ill**e**tt**, ret**ou**r (zurück), ein Ret**ou**rbi**ll**e**tt** (Rückfahrschein); das Bahnhofs-Rest**aurant**; die Sta**tion**; die Uniform; der Pe**rr**on (Bahnsteig); der Pa**ss**a**g**ier (Fahrgast); die Informa**tion** (Auskunft); der Kondu**kteu**r (Schaffner); die Instru**ktion** (Weisung); sich für etwas intere**ss**ieren, das Intere**sse**; die Lo**k**omoti**v**e; das C**ou**pé (Kup**ee**) re**s**er**v**ieren; das Si**gn**al; ein Magazin; eine Spedi**tion**sfirma (Transportunternehmen).

Ansage:

So lautet ein bekannter Werbespruch, denn das Reisen mit der Eisenbahn ist noch immer die bequemste und sicherste Form der Fortbewegung. Wir fahren mit dem **Taxi** zum Bahnhof, lassen unser Gepäck durch einen Träger **expedieren**, lösen ein verbilligtes **Retourbillett** und begeben uns dann in das Bahnhofs-**Restaurant**, um uns vor der Reise noch ein wenig zu stärken. Durch ein Fenster können wir das Leben und Treiben auf der **Station** beobachten. Dort eilt ein Bahnbeamter in seiner **Uniform** über den **Perron**. Er wird immer wieder von **Passagieren** aufgehalten und um eine **Information** gebeten. Hier gibt der Bahnhofsvorstand einem **Kondukteur Instruktionen**, dort sehen Reisende **interessiert** zu, wie eine **elektrische Lokomotive** vor eine lange Wagenreihe gekoppelt wird. Da ertönt im Lautsprecher die Stimme des Fahrdienstleiters. Er kündigt die Einfahrt unseres Zuges an. Schon braust der Zug an den Wartenden vorbei. In einem **Coupé** (Kupee) finden wir einen freien Platz, ein anderer daneben ist **reserviert**. Da gibt der Fahrdienstleiter auch schon das Abfahrts**signal**, der Zug setzt sich in Bewegung. Vorbei geht es an Güterzügen, an dem großen **Magazin** einer **Speditionsfirma**, und schon sausen wir auf freier Strecke dahin.

108 Griechische Vornamen im Deutschen

Vorübung:

Das **Ch**ristentum, der **Ch**rist, Jesus **Ch**ristus; **Ch**risto**ph**, Nikolaus, Alexander, **Th**eodor, Doro**th**ea, **Th**erese, Aga**th**e, Ka**th**arina, **Ph**ilipp, Ste**ph**an (Stefan), So**ph**ie.

Ansage:

Zu den Sprachdenkmälern, die an den starken Einflu**ss** **A**ltgriechenlands auf die deutsche **Kultur** erinnern, gehören auch viele unserer gebr**äu**lichen **V**ornamen. Sie haben sich zum größten Teil mit dem **Ch**ristentum bei uns eingebürgert und gehören seit J**ah**rhunderten zu dem eisernen **B**estan**d** unserer **V**ornamen, soda**ss**[1] sie von den **m**eisten ihrer Träger gar nicht als **f**remdstämmig empfunden werden. Man denke nur an die männlichen **V**ornamen **Peter** (der Fels), **Christoph** (der Christusträger), **Andreas** (der Mannhafte), **Nikolaus** (der Sieger), **Georg** (der Landmann), **Gregor** (der Wachsame), **Eugen** (der Edelgeborene), **Alexander** (der Wehrmann) oder an die weiblichen Namen **Helene** (die Leuchtende), **Agnes** (die Keusche), **Irene** (die Friedliebende), **Margarete** (die Perle), **Melanie** (die Schwarze). Am ehesten verrät sich die griechische Herkunft bei denjenigen Vornamen, deren Schreibweise die für die griechische Sprache **ch**arakteristischen Lautzeichen **th** und **ph** aufweist, zum Beispiel bei **Theodor** und **Theodora** oder **Dorothea** (das Gottesgeschenk), **Therese** (die Jägerin), **Agathe** (die Gute), **Katharina** (die Reine), **Philipp** (der Pferdefreund), **Stephan**/Stefan (der Bekränzte) und **Sophie**/Sofie (die Weise).

[1] In Deutschland: so dass (immer getrennt!)

109 Das „galante Zeitalter“

Vorübung:

Die Fassade, die Galerie; der Balkon, die Allee, das Bassin, der Pavillon, die Rabatten; promenieren, eine Promenade (Spazierweg); dinieren (zu Mittag essen), soupieren (zu Abend essen); der Champagner (Schaumwein); sich delektieren (erfreuen); das Menü; die Poularde (das Masthuhn); die Sauce (Soße); das Ragout; das Frikassee (eine Fleischspeise); das Dessert (die Nachspeise); das Kompott; die Toilette; die Krawatte; der Barbier (Friseur, Frisör), der Kavalier; die Visite (Besuch); eine Equipage (ein Luxuswagen), sich engagieren (einsetzen); der Lakai (Diener); der Salon; die Reverenz (Ehrerbietung), galant (höflich); charmant (scharmant); das Kompliment (Schmeichelei); die Konversation (Unterhaltung); kokettieren (liebäugeln).

Ansage:

So nennt man auch die Rokokozeit (etwa 18. Jh.). Nach französischem Vorbild baute man Fürstenschlösser mit verspielten **Fassaden, Galerien, Nischen, Balkons, Kuppeln, Parks** mit **Alleen, Bassins, Fontänen, Statuen, Pavillons** und herrlichen **Rabatten**, zwischen denen die Paare **promenierten**. Man aß nicht, sondern man **dinierte** und **soupierte**, trank **Likör** und **Champagner, delektierte** sich an reichhaltigen **Menüs**, den **Poularden**, den **Saucen** (auch Soßen = Tunken), dem **Ragout** oder dem **Frikassee**. Zum **Dessert** wurden **Kompotte** serviert. Besonderen Wert legte man auf elegante **Toilette**. Man trug **Perücken**, Jacken, **Manschetten, Krawatten, Schärpen.** Täglich ließ man sich von einem **Barbier frisieren, rasieren**, pudern. Der **Kavalier** machte **Visiten** (Besuche) und fuhr in einer **Equipage** vor. Eigens zu diesem Zweck **engagierte Lakaien** empfingen den Gast und führten ihn in den **Salon**, wo dieser der Dame des Hauses seine **Reverenz** erwies und ihr **galant** ein **Bouquet** (Bukett) überreichte. Die **charmante** (= scharmante) Dame erwartete von dem **Kavalier** aber auch **Komplimente** und eine angenehme **Konversation**, sie **kokettierte** gerne und wollte sich stets **brillant amüsieren**.

(Nach Richard Alschner)

110 Die neue Zeit im Wortschatz

Vorübung:

Der Teenager; ein Twen; der Gentleman (Kavalier); das Weekend (Wochenende); das Team (Arbeitsgemeinschaft); das Baby, zwei Babys; der Toast; das Camp; die Party; ein Playboy (untätiger reicher junger Mann); der Jazz, die Jazzband; der Cocktail (ein alkoholisches Getränk); das Sandwich (belegtes Brötchen); der Steward; Baseball; das **Match**; das Interview; das Quiz (Frage-und-Antwort-Spiel); der Gangster; das Musical; das Hobby (die Liebhaberei); frönen (einer Neigung nachgehen).

Ansage:

In neuester Zeit, besonders seit dem le**tzt**en Krieg, drangen viele englische Wörter in die deutsche Sprache ein. Manche von ihnen sind **Modewörter**. So spricht man heute nicht mehr von einem Backfisch, sondern von einem **Teenager**, später von einem **Twen**; aus dem Kavalier ist ein **Gentleman** geworden, das Wochenende wurde zum **Weekend**, die Arbeitsgemeinschaft zum **Team**. Der Säugling heißt jetzt **Baby**, das geröstete Brot **Toast**, das Lager **Camp**. Man lauscht nicht mehr den beschwingten Klängen eines Salonorchesters, sondern den heißen **Rhythmen** der **Jazzband**, besucht **Partys** (die Party) statt Gesellschaften, trinkt mit **Playboys** **Cocktails**, isst **Sandwiches**, vom **Steward** ser**v**iert, spielt **Baseball**, geht zum **Match** und gibt **Interviews**. Man sieht sich im Fernsehen ein **Quiz**, einen **Gangster**film oder ein **Musical** an, sofern man nicht vorzieht, seinem **Hobby** zu frönen.

111 Warum die Menschen arbeiten

Vorübung:

Tausende und **A**bertausende **von** Menschen; der **e**ine und der **a**ndere; **e**inkaufen, zum **E**inkaufen, beim **E**inkaufen.

Ansage:

Tausende und Abertausende von Menschen sind auf der ganzen Erde bei Tag und bei Nacht an der Arbeit. Überall scha**ff**en Arbeiter, Handwerker, Bauern, H**ä**ndler, Techni**k**er und Forscher. Warum? Weil wir Menschen für unser t**ä**gliches Leben Dinge brauchen, die nicht einfach da sind, sondern erst gemacht werden mü**ss**en. **V**iele der Dinge, die wir brauchen, sind von **a**nderen gemacht. Wir mü**ss**en sie kaufen. Wir arbeiten also auch, um das Geld zum **E**inkaufen zu verd**ie**nen. Das, was wir selbst machen, wollen wieder **a**ndere kaufen. Es soll gut sein, damit die **a**nderen es wirklich gebrauchen können. Aus guter Arbeit werden gute Dinge. Und weil uns **g**utes, **b**rauchbares Tun freut, haben wir Menschen Freu**d**e an der Arbeit.
Und dann gibt es noch einen Grund, weshalb wir arbeiten: Als Go**tt** den Menschen schuf, sagte er ihm, er solle sich die Erde untertan machen. Das gesch**ieh**t in der Arbeit.

112 Von den Wahlen

Vorübung:

Die W**ah**l, die W**ah**lpflicht, w**äh**len, der W**äh**ler, eine W**ah**lurne; der St**aa**t, st**aa**tlich, ein St**aa**tsbürger; die Kan**did**aten (Anwärter); **w**i**ll**ens sein; im **V**oraus, die **V**oraussicht, **enttäu**scht sein, eine **Ent-täu**schung erleben; **A**rm und **R**eich, **A**rme und **R**eiche; im **A**llgemeinen; **R**echt haben; **A**cht geben, er gibt **A**cht.

Ansage:

W**ah**lrecht ist auch W**ah**lpflicht. Jeder Erwachsene darf w**äh**len, ob Ma**nn** oder Frau, ob **A**rm oder **R**eich. Somit ist dem **e**inzelnen St**aa**tsbürger eine gro**ß**e **V**erantwort**ung** auferlegt. Im **A**llgemeinen wird der Bürger alle **v**ier J**ah**re zur W**ah**lurne gerufen. **V**or jeder W**ah**l stellen die Parteien ihre Kan**did**aten auf. Sie eröffnen mit **v**iel Sti**mm**aufwand den W**ah**lkampf. Es ist **s**chade, da**ss** nicht immer alles in **E**rfüllung geht, was hier **v**ersprochen wird. Aber der **e**inzelne Bürger hat **R**echt, wenn er **v**erschiedene **V**ersa**mm**lungen besucht, damit er von **a**llem unterrichtet wird. Er überlege, welche Partei **w**illens ist, seine **I**nteressen w**ah**rzunehmen. Er gebe besonders darauf **A**cht, welche **p**olitischen Grundsä**tz**e von ihr bisher vertreten worden sind. Da**nn** ist er im **V**oraus vor **E**nttäuschungen sicher.

113 Von Freiheit und Frieden

Vorübung:

Der Einzelne, einzeln; schätzen, geschätzt werden, eine Schätzung; das Zeugnis, manche Zeugnisse; das Volk, alle Völker; das Schreckliche und Grauenhafte des Krieges; entsetzlich, das Entsetzliche, Entsetzliches; nichts Bedeutendes, das Bedeutende, das Gute, nichts Gutes.

Ansage:

Zwei der Güter werden sowohl vom Einzelnen als auch vom ganzen Volk immer wieder am höchsten geschätzt: die Freiheit und der Frieden. Von jeher galten Unfreiheit und Knechtschaft als des Menschen unwürdig. Erschütternde Zeugnisse vom Freiheitskampf mancher Völker gibt uns die Geschichte bis in die jüngste Vergangenheit. Das ist ein Beweis dafür, dass die Freiheit immer bedroht ist, wenn das ganze Volk nicht bereit ist(,) seine Freiheit und Unabhängigkeit zu verteidigen. Nie war jedoch die Sehnsucht nach Frieden so groß wie in der Gegenwart, denn innerhalb von drei Jahrzehnten haben zwei Weltkriege über Europa Not und Elend gebracht. Das Schreckliche und Grauenhafte der Kriegstage ist in der Vorstellung der Menschen noch lebendig. Ein neuer Krieg mit Atomwaffen würde noch Entsetzlicheres bringen und von der Kultur Europas nichts Bedeutendes übrig lassen. Nur der Zusammenschluss friedliebender Völker kann die Gefahr eines neuen Krieges bannen und uns den Frieden erhalten.

(Nach Martin Ibler)

114 Von den Straßennamen

Vorübung:

Goethestraße, **Beethoven**weg; Brünner **S**traße, Wiener **S**traße; die Tuchlauben, die Kupferschmiedgasse; die **L**ange **G**asse, der **H**ohe Markt; die Anastasius-Grün-Gasse, der Dr.-Karl-Renner-Ring.

Ansage:

In vielen Stä**dt**en kann man die gleichen Straßen- und Pla**tz**namen finden. Es sind solche, die an ber**üh**mte Pers**o**nen erinnern sollen: G**oe**thestraße, Schi**ll**erplatz, B**ee**tho**v**enweg, J**ah**ngasse, Gutenberggasse u. a. m.
Andere wieder sind nach Orten benannt, zu denen sie führen: Frankfurter Straße, Brünner Straße, Berliner Straße, Wiener Straße, Züricher Straße, Kremser A**llee**.
Viele Stra**ß**ennamen erinnern an das **m**ittelalterliche **L**eben, de**nn** vor J**ah**rhunderten siedelten die Han**d**werker eines Berufes in derselben Stra**ß**e. So gibt es etwa eine Bä**ck**erstraße, die Tuchlauben, eine Kupferschmiedgasse und andere alte Bezeichnungen.
Bei den folgenden Schreibweisen mu**ss** man besonders **A**cht geben: Da gibt es zum Beispiel eine Lange Gasse und gleich daneben eine Langstraße, einen Grünen Weg und nicht weit davon eine Anastasius-Grün-Gasse.

115 Es gibt noch viel Gutes zu tun

Vorübung:

Das **N**eue, viel **N**eues; staunen, das **S**taunen; voll **S**taunen; das **G**ute, **G**utes tun, das **S**chöne, das **B**rauchbare, das **N**otwendige, **S**chönes, **B**rauchbares, **N**otwendiges; der **P**a**n**amakanal; ein **I**ngeni**eur**; die **T**emp**e**ratur; die Katastro**ph**e, eine **Ü**berschwe**mm**ung**s**ka**t**astro**ph**e; etwas e**rr**eichen, das **Err**eichte.

Ansage:

Nur **N**eues unter der Sonne! Voll **S**taunen hören, sehen und lesen wir täglich von der erregenden **E**ntwicklung auf der ganzen Erde, aber wir dürfen dabei nicht in **Ü**berheblich**keit** **v**erfa**ll**en und vor bloßer **N**eugier überse**h**en, unter welchen **B**edin**gung**en diese oft so großartigen **L**eist**un**gen entstehen. Nur wer die Natur der einzelnen Erdteile und die geschichtliche En**t**wi**ck**lung ihrer **V**ölker kennt, wird die Gegenwart und die **Z**ukunft richtig beurteilen. Noch immer fallen das **G**ute und **S**chöne, das **B**rauchbare und das **N**otwendige dem Menschen nicht einfach in den Scho**ß**, noch immer mu**ss** er unermüdlich gegen Naturgewalten und tü**ck**ische **Kr**ankh**ei**ten kämpfen. Beim Bau des **P**anamakan**a**ls gab es **T**ausende Kranke, 20 000 starben am **G**elben Fieber. In Wüstengebieten legen Arbeiter und **Ingenieure** Ö**ll**eitungen in glü**h**ender So**nn**e und heiße**m** Sand bei **T**em**p**eraturen bis zu 70 Gra**d**. Noch immer können Erdbe**b**en, Wirbelstürme und Überschwe**mm**ungs**katastrophen** die gro**ß**artigsten Menschenwerke in Se**k**undenschnelle vernichten.
Noch ist viel zu tun, noch leben von 900 **Millionen** Kindern auf unserer Erde 600 Mi**ll**ionen in Armut. Noch immer sterben j**äh**rlich mehr als 30 Mi**ll**ionen Menschen an Hunger.
Nur **N**eues unter der Sonne – großartig ist das **E**rreichte, aber es gibt noch viel **G**utes zu tun!

(Heinrich Pleticha)

116 Die Schweiz

Vorübung:

Sprachen- und Sta**mm**es**v**ersch**ie**denheiten; der **S**chweizer, **s**chweizerisch; der St**aa**t, st**aa**tlich; eine **i**nterna**tion**ale Organisa**tion**; das **I**nterna**tion**ale **R**ote **K**reuz; die **V**erwundeten, die **N**otleiden**d**en; die Fla**gg**e, fla**gg**en; die **V**ereinten **N**a**tion**en; das **I**nterna**tion**ale Büro des Weltpost**v**ereins; das **I**nterna**tion**ale Arbeitsamt.

Ansage:

Trotz ihrer Sprachen- und Sta**mm**es**v**erschiedenh**eit** leben die Schwei**z**er in einem St**aa**t zusammen. Sie haben sich in den **v**ergangenen **Jah**rhunderten aus den kr**ie**gerischen **A**useinandersetz**ung**en herausgehalten und sind bekannt wegen ihrer Freihei**ts**liebe. Deshalb haben **v**erschiedene **internationale Organisationen** dort ihren Sitz. Die bekanntste ist das **I**nternationale **R**ote **K**reuz. Ein **S**chwei**z**er gründete es(,) um in Kriegs- und Notzeiten **V**erwundeten, **N**otleiden**d**en und Kranken zu helfen. Sein Zeichen **äh**nelt der **S**chweizer Bundesfla**gg**e: **r**otes Kreu**z** auf wei**ßem** Feld. Genf war der Si**tz** des **V**ölkerbundes, dessen Aufgaben heute von den **V**ereinten **N**ationen wahrgenommen werden. In Bern befinden sich das **I**ntern**ati**onale Büro des Weltpost**v**ereins und das **I**ntern**ati**onale Arbeitsamt. Viele Ausländer kommen zu Tagungen nach Genf. Die **S**chweizer **U**ni**v**ersit**ä**ten haben immer eine große Zahl ausländischer Studierender. Am meisten aber wurden zu allen Zeiten Fremde, **R**eisen**d**e und **E**rholungsuchen**d**e von der **S**chönh**heit** der **s**chweizerischen Landschaft angezogen.

117 Keine Zeit?

Vorübung:

Ohne **w**eiteres, bis auf **w**eiteres; organis**ie**ren, die **O**rganisa**tion**; das Me**d**ium, die Me**d**ien; auf das **G**enaueste (= am genauesten); im **W**esentlichen, das **W**esentliche, das **B**este und das **N**eueste, das **B**esondere; der Unterhaltun**gs**sender, das Unterhaltun**gs**angebot; die Radiosta**tion**en, die Informa**tion**; die Ber**ie**selungskiste, der Traumap**p**arat; es ist das **B**este (= am besten); der **e**ine und der **a**ndere, der **E**inzelne; mani**pu**l**ie**ren (ungewollt beeinflusst werden), die Manipula**tion**.

Ansage:

Heutzutage kann man ohne **w**eiteres von einem **organisierten** Zeitmangel sprechen, denn im **A**llgemeinen ist der Alltag schon durch die vielf**ä**ltigen Angebote der Me**d**ien, im **B**esonderen des Fernsehens, auf das **G**enaueste verplant. So wird der Feierabend vieler Erwachsener im **W**esentlichen vom Fernsehen beherrscht. Die **m**eisten Jugendlichen dagegen unterhalten sich auf das **B**este durch die unterschiedlichen **Musikangebote** der reinen Unterhaltun**gs**sender. Dort bekommt man auch das **B**este und **N**eueste zu hören, das es derzeit auf dem Markt gibt. Das **B**esondere, da**s** diese Radiosta**tio**nen auszeichnet, ist, da**ss** ihre Sendungen immer aktue**ll** sind. Was dabei am **w**enigsten geboten wird, sind Informa**tion**en. Das Radio wird immer mehr zur **Berieselungskiste** und der Fernseher zum Trauma**pp**arat. So betrachtet, ist es das **B**este(,) sich weder von dem **e**inen noch dem **a**nderen mani**pu**l**ie**ren zu lassen, denn das **W**esentliche unserer Freizeit, n**ä**mlich die freie Zeit, scheint bei der **V**erplanung des **E**inzelnen tatsächlich nicht mehr übrig zu bleiben.

118 Wie funktioniert eine Rakete?

Vorübung:

Die Bre**nn**ka**mm**er; e**x**plo**d**ieren, eine E**x**plos**ion**, ein e**x**plosi**v**er Trei**b**sto**ff**; der Rü**ck**sto**ß** der Ra**k**ete; der Antr**ie**b; die Erdanz**ieh**ung; 40 000 km/h (Stundenkilometer), die Schw**er**k**r**aft; der schw**e**relose Raum; ein Weltraumf**ah**rer, ein **Astronaut**.

Ansage:

In ihrer **Brennkammer** befindet sich ein flü**ss**iger oder ein fester hoch**explosiver Treibstoff**. We**nn** er gezündet wird, treibt er die Ra**k**ete durch den **Rückstoß** vorwärts. Die Kraft eines solchen **Antriebs** ist un**v**orste**ll**bar groß. Sie hebt eine **Rakete** mit der Höhe eines Wolkenkra**tz**ers (rund 36 Stockwerke) sen**k**recht vom Boden ab. We**nn** der **Treibstoff** verbra**nn**t ist, ist die Ra**k**ete noch i**mm**er im Bereich der **Erdanziehung**. Daher wird bei Weltraumra**k**eten die l**ee**re **Brennkammer** abgeworfen und sogleich eine zweite Ra**k**ete gezündet, die zweite Stufe. Das gesch**ieh**t auch noch ein **d**ri**tt**es Mal. Nun hat die Ra**k**ete – die i**mm**er kürzer geworden ist – schon eine **G**eschwindig**keit** von mehr als 40 000 km/h. Damit überwindet sie die **Schwerkraft** und führt die **Weltraumfahrer** oder versch**ie**dene Me**ss**geräte durch den **schwerelosen Raum**.

(Aus dem Lexikon „Werwiewas“)

119 Kraftwagen

Vorübung:

Das Automo**bil**; am **A**nfang, **a**nfangs; das **B**enz**i**n, der **B**enz**i**nmotor, die Benz**i**npumpe; ein Z**y**linder, z**y**lindrisch; die E**x**plosion, e**xplo**d**ie**ren; die Kurbelwe**ll**e; die Antr**ie**bsr**ä**der; funk**tion**ieren, die Funk**tion**; die Zün**d**ker**z**en; der **V**ergaser; die Ku**pp**lung, ausku**pp**eln; das Getr**ie**be.

Ansage:

Der Kraftwagen heißt mit dem ganzen Namen **Automobil.**. Das bedeutet selbstbeweglich. Es ist also ein Wagen, den kein Pferd ziehen mu**ss**. Er kann sich aus eigener **K**raft bewegen. Das kam **a**nfangs manchen Menschen sehr **u**nheimlich vor. Diese eigene Kraft des Kraftwagens lag in einer neuartigen Masch**i**ne, im M**o**tor. Er wurde beim ersten Auto mit Leuchtg**a**s betrieben, später mit Benz**i**n. Der Benzinmotor (ein **Verbrennungsmotor**) **fu**nk**ti**on**ie**rt so: Ein Gemisch von Luft und Benzin wird in einem engen, gut abgeschlo**ss**enen **Zylinder** durch einen Funken gezündet. Die **Explosion** drückt auf einen Kol**b**en, der im Z**y**linder auf und ab gleitet. Dieser Kol**b**en überträgt die Bewegung so weiter, da**ss** sich eine Stange, die **Kurbelwelle**, zu drehen beginnt. Die Kurbelwe**ll**e wieder überträgt die Bewegung auf die **Antriebsräder** des Kraftwagens. Das sieht sehr einfach aus. Aber da**ss** ein solcher Motor auch wirklich **funktioniert** und ein Auto tatsächlich f**äh**rt, dazu ist noch viel nötig, n**ä**mlich ein zweiter oder mehrere Z**y**linder mit Kolben, dann **V**ent**i**le, Benz**i**npumpe, Vergaser, **Zündkerzen**, Ku**pp**lung, Getriebe, Lenkung, Bremsen.

(Aus dem Lexikon „Werwiewas“)

120 Von der Energie

Vorübung:

Die Energ**ie**, energisch; die ele**k**trische Ener**gie**, der **E**le**k**tr**oo**fen; die Org**a**ne; der Mu**s**kel, manche Mu**s**kel**n**.

Ansage:

Dieses Fremdwort ist am ehesten mit dem Wort „Tatkraft" ins **D**eutsche zu übersetzen. Das ist die **Fäh**igkeit eine Arbeit zu leisten. Ein ener**gi**scher Mensch z. B. ist ein tatkräftiger Mensch. Er ist **v**o**ll**er **E**ner**gi**e, auch we**nn** er gerade ein wenig ausr**uh**t. Ener**gi**e, „Tatkraft", ste**ck**t in jeder Ste**ck**dose. Die ele**k**trische Ener**gi**e der Ste**ck**dose verwan**d**el**t** sich in Bewegung (M**o**tor), in Wärme (Elektr**oo**fen) oder in Licht (Gl**üh**birne). Eine solche **U**mwandlung geht auch in den Kraftwerken vor sich: **D**ort wird die **Energie**, die z. B. in der Wa**ss**erkraft wohnt, in ele**k**trische Ener**gi**e umgewandelt.
Energie ist kostbar. Sie ist nicht unerschöpflich. Die Wi**ss**enschaftler wissen z. B. **zie**mlich genau, wa**nn** es auf der Erde keine K**oh**le, kein Erd**ö**l, kein Erdgas mehr geben wird. Wir dürfen daher **Energie** nicht verschwenden.
Energie ste**ck**t auch in unserer N**ah**rung. Diese Energie (Treibstoffe) brauchen die Kör**p**erze**ll**en im Gehirn, in de**n** Muskel**n**, in allen **Org**anen(,) um ihre Arbeit ve**rr**ichten zu können. Zu viel zugeführte Energie wird vom Körper gespeichert, nämlich als Fett unter der Haut.

(Aus dem Lexikon „Werwiewas")

Die häufigsten Zweifelsfälle

Die nachstehend angeführten Wörter werden erfahrungsgemäß am häufigsten falsch geschrieben; sie müssen daher gesondert eingeübt werden.

A

Abend; des **A**bends, eines **A**bends, zu **A**bend essen; **a**bends, heute **A**bend, Montag **A**bend, von früh bis **a**bends, am **M**ontagabend

aber (wieder, wiederum); abermals; **T**ausende und Abertausende

acht (Zahl); wir sind (unser) **a**cht; zu **a**cht hingehen, er wird **a**cht (Jahre alt); die Zahl **A**cht, eine **A**cht schreiben (in Österreich: einen **A**chter schreiben), der **A**chte (der Reihe nach), der **A**chte (des Monats), drei **A**chtel

achtzig; **a**chtzigjährig, in die **A**chtzig gehen, in den **A**chtzigern sein (über achtzig Jahre alt sein), in den **a**chtziger Jahren des 19. Jahrhunderts

allgmein; im **A**llgemeinen

alt; **A**lt und **J**ung, beim **A**lten bleiben, er ist immer der **A**lte (derselbe), der **A**lte (Greis), **A**lte und **J**unge, das **A**lte Testament

andere; etwas **a**nderes, eines **a**nderen belehren, der **e**ine und der **a**ndere, einer nach dem **a**nderen

Angst; mir ist **A**ngst (und **B**ange), ich habe **A**ngst (vor . . .)

Apparat; der Radioa**pp**arat

ärgern; er **ä**rgert sich

Arzt; die är**zt**liche Untersuchung, den Ar**zt** holen

aßen, sie **a**ßen sich satt (Imperfekt von „essen")

Auto fahren; das **A**utofahren, er fährt **A**uto, der Autofahrer

B

bedeutend; bedeuten**d**er, am bedeuten**d**sten, um ein **B**edeuten**d**es (sehr) zunehmen; etwas **B**edeuten**d**es

bekam; er bek**a**m nichts (Imperfekt von „bekommen")

bekannt; sich bekannt machen (vorstellen); etwas bekannt machen (veröffentlichen)

beste; am **b**esten, aufs **B**este/**b**este, zum **B**esten halten, es ist das **B**este (am besten), er tut sein **B**estes, das **B**este seiner Art, der **B**este in der Klasse, etwas zum **B**esten geben

bis; bis dahin, bi**s** jetzt, bi**s** morgen

bisschen; ein bi**ss**chen mehr oder weniger

D

da; dableiben (nicht fortgehen), da (dort) bleiben
dabei, dabeibleiben (nicht fortgehen), dabei bleiben (z. B. bei einer Ansicht bleiben)
dass, ich weiß, dass er kommen wird (dass = Bindewort), auf da**ss** es ihm gut gehe
denn; was hat er de**nn**? . . ., de**nn** er ist weggefahren
dennoch
deutsch, auf deutsch (wie?), **d**eutsch sprechen (wie?), ich lerne **D**eutsch (was? die Sprache), sprechen Sie **D**eutsch? (was? die Sprache), er versteht **D**eutsch (die Sprache)
Dutzend; das Dutzend (12 Stück), **D**utzende Menschen (viele Menschen)

E

eigentlich; eigen**t**lich hat er Recht
einzeln; der **E**inzelne, ins **E**inzelne gehen, im **E**inzelnen, vom **E**inzelnen (= die Einzelheit)
einzig; das **e**inzige, Karl ist unser **E**inziger
endlich; das En**d**e, en**d**lich kommt er
erreichen; nichts e**rr**eicht haben
erste; der **E**rste (der Reihe nach), als **E**rster, das **e**rste Mal, der **E**rste des Monats, der **E**rste (Tüchtigste) der Klasse, die **E**rsten und die **L**etzten
erwidern (entgegnen); die Erw**i**derung, w**i**der den Krieg

F

fahren; (mit dem) Auto fahren, **R**ad fahren, mit dem Rad fahren, das **R**adfahren
fast (beinahe); fa**st** drei Wochen
Feind; er ist ihm **F**eind, sein **F**eind, feindselig gesinnt sein
fertig; etwas fertigstellen
fiel; das Mädchen **f**iel vom Baum (von „fallen“); die Blätter **f**ielen ab
Folge; demzufolge, im **F**olgenden, das **F**olgende, die **f**olgenden Ausführungen
fordern (verlangen); er **f**ordert **v**iel
fort; ich muß **f**ort, **f**ortfahren
frei; jemanden **frei**halten (ihm alles zahlen), den schweren Stein frei **halten**; frei **sprechen** (ohne Konzept), den Lehrling **frei**sprechen

G

gar nicht
Gebäck (Backwerk); der **B**äcker **b**äckt Ge**b**äck
gehen; schlafen gehen; spazieren gehen, verloren gehen
Gepäck; packen, ein**p**acken, das Reisege**p**äck (die Koffer, Taschen usw.)

gering; nicht das **G**eringste (nichts), nicht im **G**eringsten, ihm entgeht nicht das **G**eringste (das Unbedeuten**d**ste)
gleich; das **G**leiche wollen, es kommt aufs **G**leiche heraus, **G**leiches mit **G**leichem vergelten
Gas; das **G**as
groß; im **G**roßen und **G**anzen, **G**roß und **K**lein (alle), im **G**roßen wie im **K**leinen
gut; im **G**uten sagen, zugute halten, **G**utes und **B**öses

H

halb; **h**alb zehn (Uhr), eine **h**albe Stunde, eineinhalb Liter
Hand; an **H**and der Niederschrift, zur **H**and gehen, eine **H**andbreit
Haus; nach **H**ause gehen, zu **H**ause sein, kein **Z**uhause haben
heute; heute **M**orgen, von **h**eute an
hoffentlich; hoffen**t**lich wird er siegen
hohl; ein h**oh**ler Baum
holen; die Zeitung h**o**len, h**o**l den Arzt!
höchst; auf das **H**öchste (höchst) erstaunt sein, sein Sinn ist auf das **H**öchste gerichtet
hundert; an die **h**undert Menschen, **H**underte von Arbeitern, das **H**undert, zu **H**underten, **h**undertmal, **h**undert Male

I

im (in dem); **im** Dorf, **im** **A**llgemeinen
ihm (persönliches Fürwort); den Ball hat er von i**h**m (dem Vater) bekommen
in (Vorwort); **in** der Schule
ihn (persönliches Fürwort); hast du i**h**n (den Freund) getroffen?
Interesse; wenig Inte**r**e**ss**e haben, sich inte**r**e**ss**ieren

J

Jahr; jahrelang, viele Jahre lang
jeder; zu jeder Zeit, jederzeit
jetzt; je**tzt** ist es genug

K

Kaffee; die Ka**ffee**maschine, das **Café** (= Ka**ffee**haus)
kam (von „Kommen"); wann k**am** er an?
kann (von „können"); er ka**nn** nichts, er ko**nn**te es nicht

kaputt; etwas ka**p**u**tt**schlagen (zerbrechen)
klar; sich im **K**laren sein, **k**larstellen, sich **k**lar werden
klein; **G**roß und **K**lein; von **k**lein auf, bis ins **K**leinste, vom **K**leinen auf das **G**roße schließen
klug; der **K**lügste gibt nach, es ist das **K**lügste (am **k**lügsten)
Kreuz; die Kreu**z**ung, kreu**z**igen, kreu**z**en

L

lassen; er **läss**t ihn nicht los, er lie**ß** den Drachen steigen
laufen; er **läu**ft, auf dem **L**aufenden sein
läuten; die Glocken **läu**ten
leer; das Faß ist l**ee**r (nicht voll), ausl**ee**ren
lehren; bel**eh**ren, der L**eh**rer
leid; es tut ihm **L**eid
lernen; auswendig **l**ernen, zum **A**uswendiglernen
lesen; er **l**iest, er la**s** vor
letzt; der **L**etzte (der Reihe nach), bis ins **L**etzte, das **L**etzte hergeben, es geht ums Letzte, zum **l**etzten Mal, zum **l**etzten **M**ale, das **l**etzte Mal
Leute; viele L**eu**te
Liter; ein **L**iter Milch

M

Mahl; das Festm**ah**l (Festessen), m**ah**len (zerkleinern), er hat das Getreide gem**ah**len
Mal (Zeitpunkt); das **e**rste **M**al, vier **m**al vier, ein paar **M**ale, zu wiederholten **M**alen, achtmal, das **e**rste Mal, zum **e**rsten Mal
malen; ein Bild m**a**len, er hat das Bild schön gem**a**lt
man; ma**n** klopft an
Mann; die Mä**nn**er, jederma**nn**
marschieren; der Mar**s**ch
Maschine schreiben; ich schreibe **M**aschine, das **M**aschin(e)schreiben, auch: maschinschreiben
mitten; **m**ittendrin, **m**ittendurch
möglich; alles **M**ögliche, sein **M**öglichstes tun
müssen; mu**ss**te, gemu**ss**t

N

nächst (von „nahe"); der **N**ächste bitte, der **N**ächstbeste (irgend jemand); der **N**ächste (Mitmensch), als **N**ächstes
Name; der Vorn**a**me, Familienn**a**me

nämlich (von „Name“); sie trägt das n**ä**mliche Kleid, er ist n**ä**mlich Staatsanwalt
nehmen; er n**ah**m den Freund mit
Nummer; die Nu**mm**er drei, nu**mm**erieren (von „Numero“)

O

Ofen; der Ölo**f**en
offen (nicht geschlossen); ö**ff**nen
oft; öfter, **ö**fters, des **Ö**fteren
Öl; die Ölhei**z**ung
Operation; eine Blinddarmo**p**eration, oper**ie**ren

P

paar; ein **p**aar Worte (einige Worte), ein **P**aar Schuhe (zwei zusammengehörige Schuhe), **p**aarweise (zu zweit) gehen
Platz; Pla**tz** nehmen
plötzlich
Polizei; der Poli**z**eibeamte, der Poli**z**ist
privat; die Pri**v**a**t**a**d**re**ss**e
Prozent; pro**z**entue**ll**

R

Rad fahren; ich fahre **R**ad, er kann **R**ad fahren, das **R**adfahren macht Spaß
Radio hören; der Radioapparat
Recht haben; das **R**echt haben, das ist ihm nicht **r**echt, an den **R**echten kommen, im **R**echt sein, **R**echt geschehen
rein; rein halten, ins **R**eine bringen, mit jemandem im **R**einen sein
rückwärts; der Rückwärtsgang, sich nach **r**ückwärts bewegen

S

sämtliche; sa**m**t und sonders, insgesa**m**t
Schuld geben; **s**chuld sein, es ist seine **S**chuld, er ist unschuldig
schwarz; **s**chwarz auf **w**eiß, der **S**chwarze Erdteil (Afrika), der **S**chwarze (Neger)
seid ehrlich; sei**d** ruhig!
seit gestern; sei**t**her
Seite; vier **S**eiten lang, beiderseits, **s**eitens der Regierung, ein seitenlanger Brief
sicher; es ist das **S**icherste (am **s**ichersten)
so dass (in Österreich auch: sodass; aber: er verhält sich so, dass . . .)

soviel ich weiß
spät; wie sp**ä**t ist es? spätabends
spazieren gehen; der Spa**zier**gang, spa**zie**ren fahren
Stadt; die Großsta**dt**
statt; sta**tt** des Geldes
Stelle; an **S**telle (auch: **a**nstelle)

T

tausend; **T**ausende (tausende) Menschen, **T**ausende von Menschen, **T**ausende und aber **T**ausende, tausendfach, tausenderlei
Tod; der To**d**, sich zu To**d**e langweilen, tö**d**lich verunglücken, to**d**krank sein
tot; er ist to**t**, getö**t**et worden, tö**t**en, to**t**enstill, to**t**enbla**ss**
tragen; er tr**ä**gt die Tasche
treten; tritt ein!
trinken; er trank Wasser, der Trank, die Tränke
trotzdem; der Tro**tz**, tro**tz**en, er hat getro**tzt**

U

übel; mir ist **ü**bel (unwohl), er ist ihm **ü**bel gesinnt, das **Ü**bel, nichts **Ü**bles im Sinn haben
überall; von **ü**bera**ll**her
überhaupt
überraschen; eine Übe**rr**aschung
Uhr; wie viel U**h**r ist es?, gegen sechs U**h**r, Punkt zwölf (Uhr), die U**h**rzeit angeben
Urzeit; die Urzeit der Erde, die Ursache, der Ursprung, die Urgroßeltern

V

vergessen; er vergi**ss**t nichts
verraten; der Ve**rr**äter
verzieren; verz**ie**rt, die Verz**ie**rung
viel; nicht **v**iel, zu **v**iel, wie **v**iel? wie **v**iele? **v**iel Glück, **v**iele Jahre, die **v**ielen Ausländer; es ist nicht schön, **v**ielmehr schneit es; ein **v**iel besprochener Fall
vielleicht; vie**ll**eicht doch, vie**ll**eicht für immer
vier; alle **v**iere von sich strecken; auf allen **v**ieren kriechen
viertel; ein **v**iertel Kilo Mehl (Maß), in einer Dreiviertelstunde, die Viertelstunde (15 Minuten), wir treffen uns um drei Viertel acht, es ist ein Viertel nach fünf
voll; aus dem **V**ollen schöpfen; eine Handvoll Sachen, vollführen, vollbringen
vorn; von vorn, von vornherein; vorne

Vorrat; vo**rr**ätig, die Vo**rr**atskammer
vorüber; **v**orübergehen, im **V**orübergehen

W

wahr; es ist w**ah**r (richtig), die W**ah**rheit, w**ah**rheitsliebend
während des Krieges; w**äh**renddessen
war; er w**a**r gestern dort
wäre; das w**ä**re sehr schön (ist es aber nicht)
weit; bis auf **w**eiteres, das **W**eite suchen, von **w**either (aus großer Ferne) kommen; alles **W**eitere
wieder (nochmals); w**ie**derholen, die W**ie**derholung, jemanden w**ie**dersehen, auf **Wie**dersehen
wider (gegen); w**i**derwillig, erw**i**dern, w**i**drigenfalls, w**i**drige Umstände

Z

zählen; das z**äh**lt nicht, unz**äh**lige
ziemlich gut; z**ie**mlich viel, gez**ie**mend
zuletzt doch; zu guter **Letzt**, zuallerle**tzt**

Übersicht über die Diktate, gegliedert nach dem Inhalt

1. Erzählungen, Berichte, Beschreibungen, Schilderungen (Dichtertexte)

Die Ziffern nach dem Titel geben die Schulstufe an.

2. Aus der Arbeitswelt und Technik

3. Aus Geographie und Wirtschaftskunde

4. Aus der Naturkunde

5. Aus Geschichte und Sozialkunde

6. Verkehrserziehung, Sparerziehung, Sport u. a. Themen

Register zur Rechtschreibung

(Die Zahlen geben die Nummern der Diktate an.)

Schulstufe:	4.	5.	6.	7.	8.	9.
a, ah, aa	8, 10, 13, 17, 18	26, 27, 28, 30, 31, 32, 33	40, 41, 50, 58	65, 66, 68, 69, 70, 73, 74	87, 98	101, 103, 112
ä, äh	1, 2, 6, 9, 12, 13, 20	29, 35, 37	41, 42, 45, 49	73, 76	85, 87	102, 105
äu, eu	3, 13	21, 27, 39	42, 45, 47, 48, 51	70, 73	89, 99	102, 105
ai, ei	11			69		102
Anführungs-zeichen	16	23, 28, 37	41, 55, 60	62, 65, 66		105
b, bb	2		40, 50, 54, 58	70, 71, 77	86, 87	106
Beistriche		24	41, 42, 44, 45, 46, 47, 48, 51, 57, 58, 59, 60	61, 63, 64, 65, 69, 73, 76, 79, 80	84, 85, 86, 89, 92, 98, 99	101, 103, 105, 106, 111, 115, 117
d, dd, dt	4, 6, 10, 11, 12, 15	23, 27, 28, 31, 32, 39	40, 41, 45, 46, 48, 52, 55	63, 66, 75, 77	86, 92, 96, 97	111, 117
das, dass			47, 48, 56, 57	61, 69	88	119
den, denn	16			62, 66, 72, 73		
Doppelpunkt			41, 44, 60	61, 62, 64, 66		105

Schulstufe:	4.	5.	6.	7.	8.	9.
e, ee, eh	1, 12, 19, 20	26, 31, 33, 35, 39	46, 47, 54, 55	61, 68, 70, 71, 75, 78	86, 87, 96, 97	106
f, ff, ph	7, 14		51, 52, 56	62, 69, 78, 82	84	118
Fragezeichen	2	47, 52	66		93	
Fremdwörter, Fachaus-drücke	4, 5, 8, 10, 15, 16, 17	25, 34	43, 53, 55, 56	62, 68, 72, 74, 80	81, 82, 83, 84, 86, 90, 91, 92, 93, 94, 95, 98, 99, 100	102, 104, 106, 107, 108, 109, 110, 115, 118, 119, 120
g, gg		26	42, 43	77, 78		
Groß- und Klein-schreibung	14, 15, 18	21, 22, 26, 28, 30, 34, 35	40, 44, 46, 47, 54, 55, 56, 59	61, 63, 64, 67, 68, 70, 73, 75, 79, 80	82, 84, 86, 87, 92, 95, 96	101, 105, 107, 111, 112, 113, 115, 116, 117, 119, 120
i, ie, ieh, ih	1, 2, 5, 11, 14, 16	28, 32	41, 43, 53	65, 66, 68	92	106, 111
k, ck, kk	5, 7, 9, 15, 20	25, 26, 31, 39	43, 45, 46, 58, 59	67, 70, 73, 75, 78	94, 97	103, 104, 105, 120
l, ll	10, 12, 15, 18	25, 36	42, 44, 46, 51	65, 69	92, 98	103, 104, 106, 117
m, mm	6, 9, 10, 12, 19	23, 25, 28, 38	43, 44	62, 63, 67, 69	96	106, 112
n, nn	7, 11, 12, 16	26	42, 43, 46, 51, 52	62, 63, 67	87, 92	101, 104, 117
o, oh, oo	2, 12, 17	24, 32	40, 54	66, 76	97	101, 103, 104, 120
ö, öh	3, 15, 17	24, 35		67, 76		

Schulstufe:	4.	5.	6.	7.	8.	9.
p, pp	17	22, 37	44, 45, 50	62	98	103, 106
rr	5	23, 39	44, 49	61, 64, 80		
Rufzeichen		41	44, 52	65	93, 95	
s, ss, ß	5, 6, 7, 8, 14, 19	21, 28, 29, 32, 34	49, 52, 56, 57, 58	61, 62, 65, 78	88, 89, 97, 99	117, 118, 120
t, tt, th	1, 4, 5, 6, 8, 9, 11, 15	28, 35	49, 53	62, 63, 74	98	
Tod, tot		27, 36				
u, uh, ur-	8	21, 36, 38	52	67, 68		
ü, üh	10, 17, 19	21, 27, 35, 38		66, 69		103
v, ver-, viel, vor-	2, 10, 12	26, 27, 34	46, 47, 49, 51, 56, 60	61, 65, 71	85, 99	102, 108, 113, 116
wen, wenn		32	42, 47, 52	61, 65, 71	85, 88, 98	
wider, wieder		28	53, 60		89, 100	
x, ks, gs, cks, chs		37, 39	46, 49, 52, 56, 59, 60	67, 69, 70		106
z, tz, zz	3, 4, 5, 7, 8, 14, 15, 18, 19	37	41, 43, 44, 48, 54, 55, 56, 58	64, 67, 72, 73	84, 97	101, 103, 116
Zusammen-schreibung	20	25, 26, 31, 32	46, 47	64, 65, 79	81, 84, 89	101, 103, 114